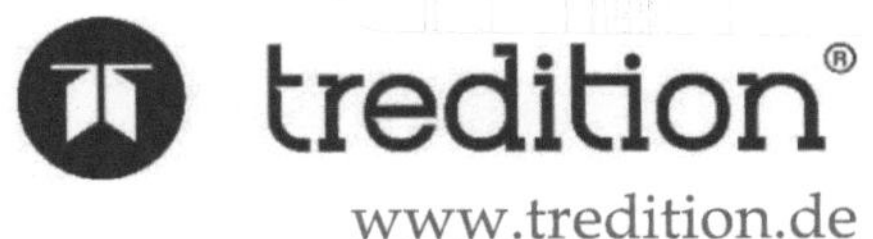
tredition®
www.tredition.de

Elli Fleckner Rochalla

Rochalla die Kämpferin
Rochalla die Heilerin

Schwarze Diamanttara

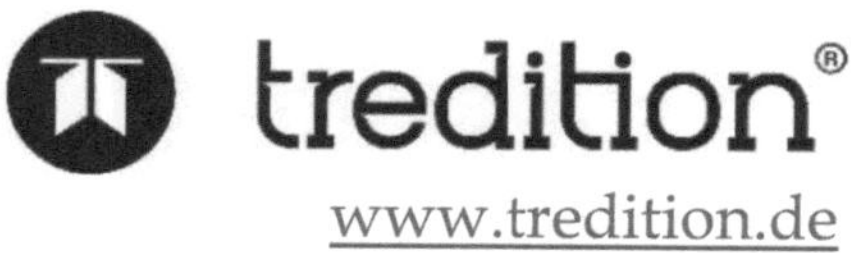

www.tredition.de

ISBN
Paperback: 978-3-7482-0640-8
Hardcover: 978-3-7482-0641-5
e-Book: 978-3-7482-0642-2

Phoenix aus der Asche oder wie man ein heißes Eisen aus dem Feuer holt, ohne sich zu verbrennen!

Draußen vor der Türe war die Hölle los und Elena Ros wusste nur eins mit Sicherheit, sie musste sofort handeln, ansonsten würde sie ihr Leben aushauchen müssen. Mahakalla war mal wieder hinter ihr her und er wollte nur eins, Elena töten. Er kannte sie ganz genau, weil sie sich doch schon des Öfteren frontal gegenübergestanden hatten, immer dann, wenn sie mit POWA begann. Sie hat ihn damit fertig gemacht, in tausend Stücke zermalmt, zu Brei verarbeitet und ins Schwarze Loch des Kosmcs verbannt.

An dieser Stelle, das wusste Mahakalla nur zu genau, musste er sich geschlagen geben. Ehe er es sich versah, baute Rochalla die Kämpferin, die Energiefeldaufstellung (EfA) und das magische Gitternetz (GN) auf. Spätestens dann, wenn Rochalla die Heilerin zum Zuge kam, verlor Mahakalla an Terrain. Er fand sich im Schwarzen Loch des

Kosmos wieder, dem Schwarzen Mantel, wie es auch genannt wurde. Hier wurde er von Lord Shiva Rochalla in die Mangel genommen, eingekreist und hier ging ihm die Luft aus.

Mahakalla musste abdanken. Es gab für Mahakalla kein Entrinnen mehr. Elena holte Hilfe in Form des Klaren Lord Shiva Geistes, der den gesamten Lord Shiva Stern umringt und ihn wie einen Mantel umschloss. Das Buddha-Mandala war so groß und stark, dass es das ganze Universum umfasste.

Mahakalla musste dafür sorgen, dass Elena Schach Matt gesetzt wurde. Sie durfte auf keinen Fall um weitere Hilfe aus der Geistigen Welt bitten. Er musste sie rechtzeitig um die Ecke bringen.

Draußen vor der Tür war die Hölle los. Dicke schwarze Schlangen, die wie schwarze Tonnen aussahen, umringten das Haus. Hier, dachte Mahakalla, hat er sie gefangen und jeder Mensch, der nicht weiß, mit welchen Mittel und Werkzeugen er Mahakalla beseitigen kann, wäre vor Angst gestorben.

Alle, nur Elena nicht. Sie wusste zu kämpfen, das hatte sie von Göttin Durga gelernt. Zunächst musste sie Mahakalla den Dämon die aufgeblasene Luft rauslassen. In der nächsten Phase nahm sie ihr Schwert, das sie von Lord Shiva Rochalla erhalten hatte und kämpfte gegen die Übermacht in der schwarzen Schlange weiter.

Das war die gefählichste Situation überhaupt und es blieb ihr blieb nichts anderes übrig, als Mahakalla zu beseitigen. Sie bekam Unterstützung von Lord Shiva Rochalla, der am Tor der Hölle stand und dort Mahakalla dem Dämon einen vernichtenden Schlag versetzte. Er arbeitete mit dem Dreizack, den er immer bei sich trug.

Elena arbeitete bei dem Durchgang durch die Schlucht (DddS) mit zwei Schlangen. Die eine biss dem Herrn des Todes den Kopf ab, die andere zerriss die schwarze Schlange Mahakalla in zwei Teile und fügte ihm damit einen Dolchstoß zu. Dann nahm Rochalla die Kämpferin zwei Krummschwerter und zwei Stäbe, mit denen sie Mahakalla in der Senkrechten festnagelte.

Mahakalla hätte gerne gewusst, woher Elena Ros die Waffen erhalten hatte und von wem sie das Wissen hatte, ihn so zu zerstören. Elena spürte sofort, wenn Mahakalla in ihrer Nähe war, um sie zu töten. Es musste wahnsinnig schnell gehen, um ihm zuvorzukommen. Sie setzte mit ihrer Kraft der Visualisation Buddha Manjushri, Buddha Dorje Sempa Rochalla Grüne Tara, Buddha Amithaba, Buddha Chenrezig und Buddha Avalochitesvara 1000-armig wie bei dem Buddha-Mandala um das Haus herum ein. Sie vernahm plötzlich die wunderschöne Sphärenmusik. Es klang, als würde ein Chor von Buddhas die Atmosphäre verändern. Sie wusste nun, dass sie Unterstützung aus der Geistigen Welt bekam und sie bedankte sich dafür. Das war die Sphärenmusik von Lord Shiva Rochalla. In der Wohnung selbst positionierte sie Lord Shiva Rochalla in alle vier Richtungen. Sie bat Lord Shiva Rochalla darum, in der Mitte der Wohnung visuell ein Feuer zu entfachen.

Er nahm die Asche aus dem kleinen Ofen heraus und schüttete sie in einen Metalleimer. Dann nahm

Lord Shiva Rochalla kleine Holzstückchen und ent-
fachte mit einem Streichholz das Feuer. Danach
legte er Holzscheite, die größer waren, darauf.

Beide, Lord Shiva Rochalla und Elena Ros kon-
zentrierten sich auf das Holzfeuer, das niemals
ausgehen würde, von diesem Augenblick an.

Mahakalla veräzt und zersetzt das Energiefeld/Git-
ternetz des Kosmos (EfA/GN) und fügt Lord Shiva
Rochalla und Elena Ros erhebliche Verletzungen
zu.

Lord Shiva Rochalla weiss, wie er mit dem Feuer
umzugehen hat. Ein Fehler und das ganze Haus
würde lichterloh brennen. In der Zwischenzeit
praktizierte Elena mehrmals die Meditation Durchgang durch die Schlucht (DddS). Sie wusste nun,
dass die Grüne Tara bei ihr war.

„OM TARE TU TARE TURE SOHA"

heißt das Mantra von ihm. Tara steht für Transfor-
mation, Transzendenz und Transparenz. Buddha

Dorje Sempa Rochalla und Grüne Tara sind zusammen. Die Farben sind smaragd-grün-türkisblau. Der Bereich ist der Norden. Grüne Tara und Schwarze Diamanttara gehören zusammen in den Inneren Raum von Lord Shiva Rochalla. Das ist die Leere.

Elena betete zu Lord Shiva und bat ihn um Heilung und bedankte sich für seine Hilfe. Grüne

Lord Shiva Rochalla hat alles wahrgenommen, was Elena während der Mahakalla-Apokalypse zugestoßen ist. Der Prozess dauerte lange Zeit und er sandte heilende Energie in Form einer zarten Berührung. Elena kannte es aus der Zeit, wo sie durch einen schlimmen Fahrradunfall so schwer verletzt wurde, dass sie im Akutkrankenhaus in Wetzlar behandelt werden musste. Sieben Rippen waren gebrochen, die Milz, Niere und die Lunge waren zerfezt. Die Schmerzen waren trotz Novalgin sehr stark. Lord Shiva hat ihre Schmerzen behandelt. Der Unfall wurde von Mahakalla verursacht, es ging um Leben und Tod.

Der Vater und die Kunst des Erzählens

Die Menschen um Elenas Vater herum liebten ihn u.a., weil er ein guter Erzähler war. Er konnte die immer gleiche Geschichte tausendmal erzählen, das machte nichts. Er liebte seine Tochter Elena über alles und sie vergötterte ihn.

Er war ein sehr gottesfürchtiger Mann und er wusste mit dem Feuer umzugehen. Selten genug saßen Vater und Tochter vor dem Kamin und tranken einen guten Rotwein zusammen. Sie sprachen nichts, aber so wie sie da beieinandersaßen war alles klar, sie wünschten sich gegenseitig alles Liebe und Gute.

Es war einmal an einem Samstag im Siegerland, als Johannes ein großes Osterfeuer schürte. Das war so Brauch im Sauerland. Dort entzündeten die Jugendlichen das Osterfeuer, so dass es hoch aufloderte. Das Dorf mit dem Osterfeuer, das am höchsten aufloderte, hatte gesiegt.

Der Vater schürte das Feuer, es knisterte und Funken sprühten hoch hinaus. Sie saßen alle zusammen drum herum: die Geschwister, zwei Brüder und eine Schwester. Die Mutter konnte es nicht ertragen, am Feuer zu sitzen und zog es vor, im Bett zu bleiben.

Vater Johannes stellte sich nicht in den Mittelpunkt, aber alle Menschen wurden von seiner Ausstrahlung angezogen. Sie fühlten Respekt, Aufmerksamkeit und Anerkennung sowie Fürsorge. Wenn Elena frühmorgens in die Küche ging, empfing sie der Vater mit einem frisch aufgebrühten Kaffee. Der Kaffeeduft zog durch das ganze Haus.

Sie erzählte ihrem Vater, dass Lord Shiva Rochal la mit ihr reden würde. Das war das einzige Mal, dass er sie kritisierte. Er wäre schon so alt, aber Gott würde weder mit ihm, noch mit den Pastoren, die er kennt, sprechen. Er wusste, dass Elena psychisch krank war und er wollte sie schützen. Woher hätte sie die Informationen über Lord Shiva Stern erfahren, wenn nicht von ihm selber?

Johannes hörte aber interessiert zu wenn Elena vom Buddha-Mandala erzählte. Er segnete sie vor ihrer Auswanderung nach Ägypten. Elena schenkte ihm eine durchsichtige Pyramide mit Mutter Maria und dem Jesuskind auf dem Arm – aus Ägypten, Hurghada. Die Pyramide bekam einen Ehrenplatz direkt neben dem Telefon. Elena brachte Weihnachten 2012 Strohsterne und Engel aus Stroh zum Dekorieren eines Tannenbaums aus Friedberg Fauerbach mit. Ihr Vater sah, mit welcher Hingabe sie das große Wohnzimmer geschmückt hatte und zog raus in die Kälte, um einen großen Baum zu besorgen, damit sich Elena erfreuen konnte. Ihr Geschenk war eine Kristallsäule, die das Licht bis hoch an die Decke flutete. Hier freute sich auch die Mutter darüber. Johannes und Trude mochten die weißen Engel, die sie von der Kaiserstraße mitgebracht hatte. Kleine Geschenke, die das Herz erfreuen.

Der Vater trug immer ein weißes Halstuch oder einen roten Schal um den Hals. Elena trug auch in Ägypten bei sengender Hitze eine schwarze Mütze.

Sie band während der Fahrradtour nach Holland ein Tuch bis über die Stirn, der Sitz des Dritten Auges. Das Halschakra und das Dritte Auge in der Mitte der Stirn müssen immer geschützt werden.

Lord Shiva trägt auf den Bildern, die Elena Ros kennt, immer eine Kobra um den Hals. Der Kopf der Schlange hat manchmal das Om, manch Mal ein schwarzes Zeichen mit drei weißen Strichen und auf der mittleren Linie ein roter Punkt.

Mit den Attributen, Zeichen und Symbolen von Lord Shiva Rochalla und den Göttinnen Lakshmi, Durga und Kali sind Aspekte der hinduistischen Götterwelt gemeint, die auch einen an der Universität geschulten Geist nicht ganz begreifen.

Elenas Vater arbeitete 15 Jahre unter Tage, im Bergbau. Er war der Bergmann, der vielen Kumpels das Leben gerettet hatte, weil er rechtzeitig spürte, dass durch eine Gasexplosion, dem Schlag, sowohl der Stollen Kohle, als auch die Bergleute dabei draufgehen konnten. Er sagte zu den Kumpel, dass sie sofort rausgehen sollten. Das sensitive System war so ausgeprägt, dass er spürte, wann Gefahr in Anmarsch war. Es gab eine Zeit, in der sie das Gefühl hatte, dass sie sich als kleines Mädchen an die Seele ihres Vaters festgeklammert hatte, um ihn nur ja nicht zu verlieren. Nicht auszudenken, wenn ihr Johannes nicht wieder nach der Nachtschicht nach Hause gekommen wäre. Das Schlimmste, was passieren konnte, war, dass die Kinder alle ins Heim eingewiesen worden wären. Das war die härteste Drohung, die die Mutter ausgesprochen hatte.

Die Bergleute, die es nicht schafften, wieder zu Tage zu kommen, wurden mit allen Ehren beerdigt. Vier schwarze Pferde mit einer weißen Feder auf dem Kopf, eine schwarze Kutsche mit dem Sarg und die Bergleute, die ebenfalls schwarz gekleidet waren und auf dem Hut eine weiße Feder trugen.

Mahakalla

Mahakalla kannte Mittel und Wege, Elena in den Wahnsinn zu treiben. Er tat alles, damit sie wie so oft in die Klinik für Psychiatrie musste. Sie versuchte mit allen Mitteln, dem erneuten Sterbeprozess durch Mahakalla auszuweichen. Er stand vor der Wohnungstür und sie nahm ein Stuhlbein aus Holz und donnerte mit aller Kraft dagegen. Das ganze Haus bebte und der Lärm hallte durch alle Etagen. Die Nachbarn fühlten sich nicht nur in ihrer Nachtruhe gestört, nein sie zitterten vor Angst, vor der Wucht, mit der Elena gegen die Türe schlug. Sie bekam einen Brief vom Rechtsanwalt des Eigentümers der Wohnung und fortan musste sie mit der Bedrohung leben, dass ihr fristlos gekündigt würde, wenn das noch einmal passieren würde. Mit diesem Damoklesschwert über sich, musste sie fortan leben. Sie dankte Lord Shiva Rochalla, dass er ihr die Kraft gab, Mahakalla mit DddS den Garaus zu machen, mit rein geistigen Mitteln.

Rath Nak

Guru Nanak wurde in Indien als Heiliger verehrt. Er hatte die Sikh-Religion gegründet und war als Wanderprediger nicht nur im Orient, sondern auch auf der griechischen Insel Kreta unterwegs gewesen und verkündete seine neue Lehre. Er schrieb mehrere Bücher und er hatte einen Schülerkreis in Indien aufgebaut. Bis heute wird er in der ganzen Welt verehrt.

Der Vater von Rath Nak war ein Sikh und trug den obligatorischen Turban. Es war ungewöhnlich für den südlichen Teil Deutschlands, einen Sikh mit Turban in der Nachbarschaft zu haben. Er lebte mit seiner deutschen Frau zusammen und sie reisten oft nach Indien, um den Ein- und Verkauf von Kunstwerken zu organisieren. Eines Tages wurde der Vater in einen Unfall verwickelt. Er starb noch an der Unfallstelle. Mahakalla hatte dafür gesorgt, dass er sein Leben aushauchte.

Er hinterließ seinem Sohn eine wertvolle Kamera. Die ersten Fotos schoss Rath Nak im Garten seiner Großeltern mit der kostbaren Leica. Der Großvater machte ein paar Fotos von seinem Enkelsohn. Später, als Rath Nak in Frankfurt lebte und in einem sehr großen Fotostudio arbeitete, bekamen diese Fotos einen Ehrenplatz auf seinem Schreibtisch.

Elena Ros, die Rath Nak auf einer Silvesterparty kennengelernt hatte, war begeistert von dem Foto in seinen Kindertagen. Sie wünschte sich von Rath Nak einen Sohn, so wie er es war. Er war ein guter Fotograf, bekam viele Aufträge und konnte seine Kunden in einer Art und Weise fotografieren, so dass sie sich geehrt fühlten.

Rath Nak hatte eine stattliche Figur, schwarze, gelockte Hare und dunkle Augen. Er verstand es vom ersten Moment an, Elena um den Finger zu wickeln. Elena war eine Frau mit brünetten Haaren und blauen Augen. Ihre Figur entsprach den Idealvorstellungen von ihm und sie studierte Diplom-Soziologie an der Frankfurter Universität.

Elenas Vater war Bergmann und er arbeitete 15 Jahre unter Tage in der Zeche Zollverein in Essen-Stoppenberg. Er baute die Kohle ab. Es war eine sehr schwere Arbeit, wurde aber gut bezahlt. Sie fühlte sich als Arbeitertochter immer noch minderwertig, obwohl sie seit 1984 an der Universität studierte. Erst mit der mit sehr gut bestandenen Prüfung legte sie ihre Minderwertigkeitsgefühle ab.

Rath Nak mochte die minderwertige Elena nicht, weil es ja auch nicht mehr stimmte. Erst 30 Jahre später konnte sie das ablegen, zu einer Zeit, als Lord Shiva Rochalla sie für ihre Arbeit, die Lord Shiva Lehre zu notieren, erleuchtete. Sie veröffentlichte vier Bücher zu den Themen Reinkarnation und Erleuchtung.

Rath Nak nahm sie mit auf seine spirituellen Reisen und sie lernte die Grundlagen der Alternativen

Medizin durch ihn kennen. Er kritisierte Elena sehr oft für Kleinigkeiten und es kränkte sie, dass er sie nicht mehr liebte. Es musste alles seinen professionellen Ansprüchen genügen und die waren sehr hoch.

Rath Nak spezialisierte sich als Fotograf auf Portraits und Kochbücher. Er kochte gerne für sie und schenkte ihr ein wertvolles Kochbuch zum Geburtstag, worüber sie sich sehr freute. In der kurzen Zeit, in der sie zusammen waren, unternahmen sie zwei gemeinsame Reisen. Sie besuchten ihre Freundin Marina in Paris, die dort eine Ausbildung in Tanz und Malerei machte. Die kurze Zeit in Paris war für Elena unvergessen. Rath Nak fuhr die ganze Strecke von Frankfurt nach Paris und wieder zurück. Elena hatte Zeit und Muße, um sich in Ruhe die schneebedeckte Landschaft anzuschauen. Im Sommer fuhr er sie den ganzen Weg nach der Insel Elba. Sie waren glücklich dort. Später gestand Rath Nach ihr, dass er sie lieben würde, dass er sich so richtig in sie verliebt hätte. Elena hatte davon nichts gemerkt.

Rath Nak kannte Venedig noch nicht und er wollte gerne ein paar schöne Tage mit ihr dort verbringen. Für sie war es wichtiger, eine kleine Wohnung in Frankfurt zu finden. Sie hatte ihr Zimmer in der Wohngemeinschaft verloren. Die Begründung lautete, dass Mutter und Tochter Eigenbedarf hätten und Elena soll so schnell wie möglich das Zimmer räumen soll.

Nach der Rückkehr nach Frankfurt organisierte Elena eine Party mit dem Wunsch, auf diese Art und Weise eine Wohnung zu bekommen. Ihr Wunsch ging in Erfüllung und sie fand eine schöne Wohnung in Sachsenhausen, dem besten Stadtviertel in Frankfurt am Main. Die Wohnung war im Hinterhaus eines ehemaligen Kutscherbetriebes, sie war ruhig und preiswert. Die Fahrradwege von Sachsenhausen bis zur Universität waren gut ausgebaut. Gerne radelte sie auch in den nahegelegenen Stadtwald, der Sachsenhausen umringte. Ihr Vater und die Schwester halfen Elena beim Renovieren und beim Umzug. In den nächsten 20 Jahren fühlte sich Elena sehr wohl in der Altbauwohnung.

Sie gab ihre Wohnung erst auf, als sie sich entschloss, nach Ägypten auszuwandern. Seit 1984 wohnte Elena in ihrer neuen Wohnung. Sie war 30 Jahre alt. Elena bereitete sich auf das Vordiplom vor. Eine kleine Kartäuserkatze gesellte sich zu ihr. Sie nannte sie Shiny und die Katze hatte ein dichtes, graues, kurzes Fell und große orangene Augen. Elena liebt die Katze vom ersten Moment an.

Rath Nak engagierte sich in der Zwischenzeit für den Bau einer Schule in Indien. Es gestaltete sich alles schwieriger und komplizierter als er es sich in Frankfurt vorstellte. Er kam nach Hause zurück und das erste, was er tat war, ihr die Freundschaft zu kündigen. Elena zog sich in ihre Wohnung zurück mit der Absicht, so lange dort zu bleiben, bis der Liebeskummer nachlassen würde. Es war grauenhaft für sie und sie brauchte lange Zeit, um sich von der Trennung zu erholen. Das Thema Trennung von Rath Nak war sehr schmerzhaft für Elena. Die Liebe war verflogen, die Freundschaft blieb allerdings noch etwas erhalten.

20 Jahre waren vergangen, er hatte inzwischen geheiratet und sie plante ihre Auswanderung nach Ägypten. Das Paar kam zu Besuch und half Elena dabei, ihr Gepäck in einen gesonderten Koffer zu verstauen. Das war eine große Erleichterung für sie. Ein paar Tage später flogen Rath Nak und Rosemarie nach Hurghada, weil sie sich den gutaussehenden Mann in Ägypten anschauen wollten, den Elena geheiratet hatte. Sie waren zufrieden und Magdy war ein stattlicher und höflicher Mann.

Elena trennte sich von ihrem Orfi-Ehemann, weil er sie um viel Geld betrogen hatte. Sie fand eine sehr schöne Wohnung, die nur fünf Minuten vom Roten Meer entfernt lag.

Elena wollte schon in Frankfurt einer schwierigen Situation vorbeugen und gab Rath Nak ihre Bankvollmacht für alle Fälle. Und es geschah die Katastrophe. Ihre EC-Karte wurde in Hurghada entwendet. Sie konnte die Miete nicht bezahlen und musste fünf Wochen lang auf der Straße leben.

Elena nahm Kontakt mit allen Freunden und mit der Familie in Deutschland auf aber ohne Erfolg. Alle ließen sie fallen wie eine heiße Kartoffel. Sie schilderte Rath Nak ihre Situation und bat ihn darum, mit dem Rechtsanwalt Kontakt aufzunehmen. Da Elena einen Prozess in Erlangen gewonnen hatte, stand ihr ein Betrag von 1.200 Euro zu. Da sie nicht in Frankfurt war, um ihre Unterschrift leisten zu können, bekam sie das Geld nicht ausgezahlt. Rath Nak war eifersüchtig auf ihren zweiten Orfi-Ehemann, der tanzen konnte, wie ein junger Gott. Sie hatte mit Sayed die zweite Erleuchtung von Lord Shiva Rochalla erhalten.

Rath Nak hörte nicht auf, sie zu kritisieren und er lehnte jegliche Hilfe ab. Elena musste fünf Wochen Tag und Nacht auf der Straße leben. Er hatte die Bankvollmacht und er hätte mit dem Rechtsanwalt alles klären können. Elena bekam ab und zu etwas zu Essen von der Bevölkerung in Hurghada. Danach wurde sie zwölf Tage und Nächte im Gefängnis gefoltert, weil sie als Journalistin gearbeitet hatte. Das war die schlimmste Zeit ihres Lebens.

Elena musste ihr Folter-Trauma in der Klinik in Friedberg behandeln lassen. Es war Mitte Juni 2006 und sie stand vor dem Nichts. Sie hatte nicht nur ihren Freundeskreis verloren, sondern auch ihre Wohnungen in Deutschland und in Ägypten.

Ein guter Freund, den sie schon über 30 Jahre kannte, fand eine schöne Wohnung für sie in Friedberg. Die Familie und Mitpatienten aus der Klinik halfen ihr bei der Einrichtung. Elena verbrachte sehr viel Zeit auf dem Balkon, schaute sich die schöne Umgebung an und begann kurz nach ihrer Entlassung aus der Klinik, ihre Biographie zu schreiben. Das Schreiben und Malen waren zwei Möglichkeiten, ihr Trauma zu verarbeiten. Die Bilder, die sie malte, wurden im Hessischen Rundfunk Frankfurt ausgestellt mit dem Titel „Orientalische Impressionen". Elena konzentrierte sich auf den Weg der Erkenntnis. Sie wurde nicht nur in Ägypten, nein auch in Deutschland von Mahakalla attackiert. Elena erlebte mehrere Sterbeprozesse und wurde ständig von Mahakalla bedroht.

Sie konzentrierte sich auch auf das Schreiben von Büchern. Es gelang ihr, in kurzer Zeit vier Bücher zu schreiben und mehrere Lesungen zu organisieren. Sie bekam sehr gute Kritiken von der Presse für „Felfella Sempa": „Faszinierender Roman", „faszinierendes Wissen", „Lesespaß. Sie wurde von Lord Shiva Rochalla beim Schreiben unterstützt. Er wies sie in die Lord-Shiva-Lehre ein.

Lord Shiva Rochalla gab ihr den Namen „Rochalla die Kämpferin" und „Rochalla die Heilerin." Sie erhielt den Titel „Lama" von ihm. Viel wesentlicher waren die Beurteilungen von ihm und die Erleuchtungen, die sie als Belohnung erhalten hatte für die Veröffentlichung der fünf Bücher zum Thema Reinkarnation und Erleuchtung. Sie erhielt insgesamt 10 Erleuchtungen, fünf Reinkarnationen und die Karmastufe 10.000!

Elena kam über die Verluste in ihrem Leben hinweg. Sie ging den Weg der Erkenntnis mit Lord Shiva Rochalla zusammen. In dem Moment, wo sie von Mahakalla attackierte wurde, erkrankten beide und es war sehr schwer, den Lord-Shiva-Weg weiterzugehen. Elena bekam im Februar 2018 eine so schwere Lungenentzündung, dass sie fast daran gestorben wäre.

Rath Nak hatte die Reinkarnation von Guru Nanak erreicht, was damit zusammenhing, dass sein verstorbener Vater ein Sikh war. Guru Nanak hatte die Sik Religion begründet und war als Wanderprediger durch den Orient und nach Kreta gereist. Er hatte eine hohe Karmastufe erreicht. Er konnte ein positives Karma aufbauen durch Unwissenheit beseitigen, gute Taten, Gedanken und Gefühle aufbauen. Lord Shiva hatte Rath Nak noch keine Erleuchtung gewährt wie die anderen 5 Personen aus dem Freundeskreis. Rath Nak ist Sikh und seine Heimat ist Indien, sagt Lord Shiva Rochalla.

Nur Lord Shiva ist in der Lage, das Energiefeld/Gitternetz (EfA/GN) aufzubauen und zu deuten. Das Energiefeld/Gitternetz von Lord Shiva Rochalla ist allumfassend und räumlich.

Rath Nak ist durch Lord Shiva Rochalla geworden, was er heute ist. Als er sich von seiner Ehefrau trennte, ging diese für ein Jahr nach Indien, um die Trennung von ihm zu verkraften. Rath Nak tat alles dafür, dass er durch Meditationen und Übungen auf dem spirituellen Weg weiterkommt. Er wurde Sikh wie sein Vater und reiste so oft wie möglich nach Indien.

Lord Shiva Rochalla ist der einzige im Lord-Shiva-stern, der das Energiefeld/Gitternetz eines jeden Menschen erkennen kann. Gott Maat ist für die Erleuchtung zuständig. Erleuchtung bedeutet Befreiung von Mahakalla.

Bei Rath Nak übte Gott Maat Gerechtigkeit aus. Aufgrund seiner Eifersucht verweigerte er Elena die Hilfe, die sie dringend gebraucht hätte. Sie war alleine in Ägypten und hatte weder Geld für die Miete einer Wohnung, noch für Speisen und Getränke oder ein Hotelzimmer. Er wusste oder ahnte, dass Elena Erleuchtung erhalten hatte, die Erleuchtung in Buddha Dorje Sempa Rochalla

Grüne Tara. Er strebte seine Erleuchtung schon seit über 20 Jahren an. Es gab kein spirituelles Seminar weit und breit, das er nicht besucht hätte, aber ohne Erfolg. Der Erfolg blieb auch in seinen künstlerischen und finanziellen Bereichen aus. Es war ein Höhepunkt für ihn, dass er den Auftrag erhielt, HH Dalai Lama zu fotografieren. Die Gerechtigkeit von Gott Maat war ein kleines Trostpflaster für all das Leiden, das Elena in Hurghada durchgemacht hatte. In Ägypten und in Deutschland wurde sie auf das Übelste von Mahakalla attackiert.

Buddha-Mandala

Elena Ros ist fix und fertig. Nichts geht mehr und obwohl sie sich den ganzen Tag auf kämpferische Art und Weise versucht hatte, Mahakalla ins Schwarze Loch des Kosmos zu entsorgen, gelang es ihr nicht.

Sie begann wie immer frühmorgens um 4:00 Uhr mit der Meditation „Durchgang durch die Schlucht" (DddS). Nach sechs Stunden musste sie feststellen, dass es an diesem kalten und regnerischen Tag nicht funktionierte. Normalerweise hatte sie nach zwei DddS alles von Mahakalla befreit. Niemand hatte ihr gesagt, dass sie die Meditation DddS machen soll und wie diese im Einzelnen aussehen sollte. Elena Ros hatte autodidaktisch daran gearbeitet und bis dahin viel Erfolg damit gehabt. Sie wusste an diesem Tag nicht mehr ein noch aus. Mahakalla gefährdete ihr Leben schon seit langer Zeit und er wollte nur eins, sie töten. Je mehr er sie attackierte, desto stärker wurde Elena Ros im Kampf gegen ihn.

Elena Ros bekam von Lord Shiva den Hinweis, dass der Frankfurter Hauptbahnhof durch Terroristen gefährdet sei. Die Terroranschläge begannen in Frankreich und sie rissen viele Menschen in den Tod. ISIS war ständig in den Schlagzeilen. Die Attentäter von Isis wollten nur eins nach ihrem Anschlag, bei dem die meisten von ihnen selbst ums Leben kamen, ins Paradies gelangen. Dort würden, so sagte man ihnen, junge hübsche Göttinnen auf sie warten. Das war und ist ein Ammenmärchen. Selbstmordattentäter finden sich nicht im Paradies wieder, sondern dort, wo sie hingehören.

Elena Ros hielt in ihrer sonst so erfolgreichen Meditation DddS inne. Es funktionierte einfach nicht. Lord Shiva sagte ihr, dass die Gefahr für die Franzosen und für die Menschen am Hauptbahnhof in Frankfurt nur noch größer würde. Es gelang ihr nicht, Bedienstete am Hauptbahnhof zu informieren und alle zu warnen. Alle Menschen, die sich dort aufhielten, waren gefährdet. Die Bedrohung war also ganz real und es war wichtig, aktiv zu werden und Mahakalla ins Schwarze Loch des Kosmos zu werfen.

Sie konnte in einer akuten Bedrohung von Mahakalla Lord Shiva Rochalla nicht um Rat fragen, ob sie statt DddS vielleicht besser eine andere Meditation machen könnte. In manchen Situationen, die sehr hart waren, kämpfte sie Tage und Nächte hindurch ohne Unterbrechung. Das führte regelmäßig zu einem Burn Out und sie musste meistens stationär in die Klinik für Psychiatrie gehen, damit die Medikamente wieder neu eingestellt werden konnten.

Nachdem Elena Ros entlassen wurde, saß sie zu Hause auf dem Balkon und erholte sich, nachdem die Sonne sich durch die dunklen Wolken hindurchgekämpft hatte. Plötzlich begann ein Prozess, der den ganzen Tag anhielt.

Sie sah unglaublich viele weiße Streifen am Himmel, so viele, wie sie vorher noch nicht gesehen
hatte.

Erleuchtung

<u>Der Himmel war von einer Struktur gekennzeichnet, die Lord Shiva Rochalla das Energiefeld/Gitternetz nennt. Dieses ist rautenförmig, weiß, heilig, magisch, transparent und transzendent. Das magische Energiefeld/Gitternetz umfasst den gesamten Kosmos und es ist der Stoff, aus dem die seelische Substanz von Lord Shiva Rochalla gemacht ist.</u>

Das magische Energiefeld/Gitternetz hat unmäßig viele Funktionen: es tritt immer im Zusammenhang mit der Energiefeldaufstellung (EfA) auf. Das Gitternetz des Kosmos (GN)hat die Form von EfA und wird während der Meditation DddS zweimal aufgebaut. Eine am Anfang und eine am Ende der Meditation. Durchgang durch die Schlucht (DddS) ist ein Wunder, Energiefeldaufstellung und Gitternetzaufbau ist ein noch größeres Wunder. Elena kann das EfA/GN mit geschlossenen Augen sehen. Das transparente Gitternetz ist nur für sie sichtbar, nicht für andere Menschen. Es bedeutet, dass Lord Shiva Rochalla ganz nahe ist.

Lama Elena Ros schöpfte Hoffnung in einer Situation, in der sie weder Durchgang durch die Schlucht (DddS), Energiefeldaufstellung noch das hlg. Gittternetz aufbauen konnte.

Die weißen Streifen am Himmel waren unterschiedlich lang und breit. Es entstanden Quadrate, Kreuze, ,Rauten und manchmal Diagonalen, spiralförmige und waagrechte Lilien. Das Schauspiel, das sich ständig in Bewegung befand, vermittelte Lama Elena Ros das Gefühl, dass es nicht zufällig geschah. Da waren Kräfte am Werk, die ihr zu Hilfe kamen. Kräfte, die weit über die Meditation Durchgang durch die Schlucht (DddS) ging.

Jahrelang hatte Elena Ros ihr Mandala visualisiert, das im Osten mit Buddha Manjushri begann. Als nächstes kam im Norden Buddha Dorje Sempa Rochalla.

Der Himmel war von einer Struktur gekennzeichnet, die Lord Shiva Rochalla das Energiefeld/Git-
ternetz nennt. Dieses ist rautenförmig, weiß, heilig,
magisch, transparent und transzendent. Das magische Energiefeld/Gitternetz umfasst den gesamten Kosmos und es ist der Stoff, aus dem die see-
lische Substanz von Lord Shiva Rochalla gemacht
ist.

Dann kam die Grüne Tara an die Reihe. Danach
Buddha Amithaba und zum Schluss Buddha Avalochitesvara 1000-armig.

Sie bat das gesamte Buddha-Mandala um Unterstützung, sprach das Mantra von allen und spürte,
wie der Stress langsam nachließ. Mahakalla wurde
von allen der Garaus gemacht und er landete im
Schwarzen Loch des Kosmos. Sie hatte nicht um-
sonst den Namen Rochalla die Kämpferin und Rochalla die Heilerin bekommen. Nach dieser schlimmen Attacke von Mahakalla musste Elena Lord
Shiva Rochalla heilen, weil sein magisches rautenförmiges Gitternetz verletzt worden war.

Lord Shiva und Buddha Dorje Sempa Rochalla Grüne Tara heilten Lama Elena Ros und umgekehrt. Ohne die Heilung von Lord Shiva Rochalla und Buddha Dorje Sempa würde Elena nicht mehr am Leben sein und einen ganz schlimmen Sterbeprozess voller Schmerzen erleiden, der mit dem Ende voller Schrecken enden würde. Ohne die Hilfe von Lord Shiva Rochalla und Buddha Dorje Sempa Rochalla Grüne Tara wäre Lama Elena Ros schon längst tot. Aus einer wahren, anderen Ebene kam ein Kraftfeld und eine kraftvolle Energie zu ihr. Und sie konnte wieder aufatmen und das Herzrasen hörte auf. Sie setzte sich nach Einbruch der Dunkelheit wieder auf den Balkon und wunderte sich. War es möglich, dass zu dieser Zeit ein Feuerwerk seine Schüsse abfeuerte?

Das waren Geräusche, die sie von den Feuerwerken in Frankfurt kannte, vom Museumsuferfest und natürlich von Silvester. Es krachte ganz laut und Elena erfreute sich an diesem Spektakel. Später erfuhr sie von Lord Shiva, dass dies die Erleuchtung und Einweihung in Buddha Manjushri für sie war.

Man nennt ihn auch „Der dem Herrn des Todes ein Ende bereitet" und „der von lieblicher Schönheit ist".

Er repräsentiert die Gotteskraft. Seine Farbe ist blau-weiß, die der Gotteskraft rubin-rot.

„OM BENZA SATO HUNG"

So lautet sein Mantra.

Mit dem Schwert, das er in der rechten Hand hält, zerstört er den Schleier der Unwissenheit, die der Hauptfaktor für Hass, Neid und Gier ist. Vor allen Dingen zerstört Buddha Manjhusri Mahakalla und entsorgt ihn ins Schwarze Loch des Kosmos. Mahakalla wird vom Klaren Lord Shiva Geist eingekreist, so dass er sich nicht mehr entfernen kann.

Buddha Manjushri trägt das Schwert in der Diagonalen und in der linken Hand das Wahrheitsbuch.

Buddha Manjushri ist berühmt für seine Weisheit,
die nicht das Denken oder die Intelligenz meint.

Sunjata ist die Leere.

Die ganz Nacht hindurch flogen 178 Flugzeuge am
Himmel. Sie kamen vom Westen und flogen in den
Osten. Es war schon früh am Morgen, als sie im
Osten ein sehr großes, viereckiges, weißes Band
sah.

Es war der Klare Lord Shiva.Geist. Lord Shiva Rochalla schenkte ihr die Erleuchtung in den Klaren
Lord Shiva Geist.

Es gibt die alles durchdringende Gotteskraft, die
alles erschaffende Gotteskraft und die aus sich
selbst werdende schöpferische Gotteskraft. Das
Buddha-Mandala besteht im äußeren Kreis aus
den vier Buddhas und im inneren aus dem Lord

Shiva Stern. Der Mittelpunkt besteht sowohl für das Buddha-Mandala im äußeren als auch im Stern aus Lord Shiva.

Das Dewachen ist das Land der Buddhas und das Paradies der Buddhisten. Man muss den Klaren-Avalochitesvara-Geist und die Lord-Shiva-Seele gemeinsam verwirklicht haben und Erleuchtung erlangt haben, um Ach zu erreichen. Im Tibetischen heißt es Dewachen, es wird vom Paradies unterschieden. Im Alten Ägypten (4.000 v. Chr.) wird es ACH genannt. KA BA ACH ist eine Einheit. ACH 13 14 15 16 ist das Dewachen. ACH 15 16 ist das Paradies. Das ACH 15 16 wird auch Heimat oder Paradies genannt. Das ist der Bereich, der Lord Shiva Rochalla vorbehalten ist.

ACH 15 16 enthält Gott Maat 12 (in der Gottes-kraft)
Maat 13 14 enthält Gott Maat 4 6 (in Allmacht)

Gott Maat 4 ist zuständig für die Erleuchtung

Gott Maat 6 ist zuständig für das Leben und den
Tod
Gott Maat 12 ist zuständig für den Tod.

Lord Shiva Rochalla ist Buddha Manjushri, der E-
lena Ros in so vielen Situationen geholfen hat. Sie
erhielt zwei Schwerter aus der Geistigen Welt, um
die Meditation DddS durchführen zu können.

Buddha Manjushri und die Gotteskraft gehören zusammen. Gott Maat 12 ist in der Gotteskraft. Gott
Maat 4 und 6 in der All-Macht. Buddha Manjushri
ist die Gotteskraft, Amithaba ist das ACH.

Die Gotteskraft ist Göttin Kali, die All-Macht und
KA ist Durga und der Klare Avalochitesvara Geist
und die Seele ist Lakshmi. Das ACH ist Lord Shiva
Rochalla.

Die Einweihung und Erleuchtung in Buddha Manjushri erhielt Lama Elena Ros im Juni 2018. Ohne
Erfolg versuchte sie den ganzen Tag lang mit der

Meditation DddS Mahakalla ins Schwarze Loch des Kosmos zu entfernen.

Dann begann Lama Elena Ros, das ihr seit Jahren bekannte Mandala mit allen dazugehörigen Buddhas zu visualisieren. Es begann im Osten mit Buddha Manjushri, Farbe blau-weiß. Sie visualisierte zusätzlich eine Situation, die sie am Roten Meer selber erlebt hatte im Jahre 2000.

Lama Elena Ros gelang es mit dem Visualisieren des gesamten Buddha-Mandalas Mahakalla den Garaus zu machen. Im September ergänzte sie zusätzlich zu den Namen und Mantras der Buddhas die entsprechenden Aspekte des Lord-Shiva-Sterns. Die Sphären und Ebenen und die dazugehörigen Aspekte bilden eine Einheit. Das Buddha-Mandala ist außen wie ein Kreis aufgebaut und innen wie ein Stern. Die Mitte bildet Lord Shiva Rochalla und die Schwarze Diamanttara. Buddha Manjushri repräsentiert den Klaren Avalochitesvara Geist und BA, die Seele. Die Voraussetzung für eine Erleuchtung besteht darin, dass beide Aspekte verwirklicht sein müssen. Der Klare Geist Lord Shivas hat 178 Aspekte, die alle verwirklicht sein müssen. Elena hatte sich intensiv damit beschäftigt und sie verwirklicht. Sie erhielt von Lord Shiva am 27.8.2018 die Erleuchtung in die Gotteskraft, in seine Gotteskraft. Sie ging ganz bewusst den Weg der Erkenntnis und den Weg zur Erleuchtung.

„OM BENZA SATO HUNG"

Zu den 178 Aspekten zählen u.a.: der Geist ist grenzenlos, Raum- und Zeitüberwindung, Spiegelgleichheit, KA BA ACH, die Leere (Sunjata). Der Klare Geist von Lord Shiva umfasst Ebene 1, den Schwarzen Mantel und alles drum herum. Der Raum ist außerhalb des Schwarzen Mantel. Die Leere (Sunjata) kommt danach und umfasst das gesamte Universum (siehe you tube: Geheimnis des Universums).Das Buddha-Mandala, das Elena Ros in der Visualisation mit Buddha Manjit begonnen hatte, führte sie nun mit Buddha Dorje Sempa

Grüne Tara fort. Er repräsentiert die All-Macht von Lord Shiva Rochalla und das Kalachakramandala im Norden, Farbe smaragd-grün türkis-blau.

Das 100-Silben-Mantra von Buddha Dorje Sempa Rochalla Grüne Tara wird spiralförmig visualisiert und aufgebaut. Buddha Dorje Sempa Rochalla Grüne Tara berührt Dein Herz. Er heilt Dich, wenn Mahakalla mal wieder zugeschlagen hat und Dich verletzte.Elena Ros erlebte es mehrmals, dass sie von Lord Shiva Rochalla und Buddha Dorje Sempa Rochalla Grüne Tara innerhalb von Minuten geheilt wurde. Zwischen dem Buddha-Mandala und dem Lord-Shiva-Stern besteht ein Zwischenraum, den man auch Bardo nennt. Das ist der Begriff für die andere geistige Ebene. Und er umfasst die Zwischenzeit zwischen Tod und Leben. Man nennt es auch Reinkarnation.

Die Statue von Buddha Dorje Sempa Rochalla Grüne Tara trägt den Dorje in der linken Hand und zwar in der Höhe seines Brustbeins, dort wo die Seele bekanntlich ihren Sitz hat.

Und Buddha Dorje Sempa Rochalla Grüne Tara trägt eine Glocke in der rechten Hand. Die Statuen und Tankas von Buddha Dorje Sempa Rochalla Grüne Tara sind wunderschön. Der Dorje bedeutet „Geist" und die Glocke „Klarer Geist" und „Seele".

Buddha Dorje Sempa Rochalla

Das 100-Silbenmantra ist heilig. Er hat empfohlen, es so oft wie möglich zu sprechen. Jedes Mal, wenn sie das 100-Silben-Mantra gesprochen hatte, entstand ein Kontakt zu Buddha Dorje Sempa Rochalla Grüne Tara.

Er spendet Trost, wenn Du alleine und ohne Hoffnung bist. Buddha Dorje Sempa Rochalla Grüne Tara und Lord Shiva Rochalla sind bei Dir. Sie sind bei Dir, wenn Du denkst, Du seiest von allen guten Geistern verlassen worden.

Er ist das Licht am Ende des Tunnels, wenn Du denkst es geht nicht mehr. Und er ist da, wenn Du den letzten Weg ins andere Land gehen musst.

Buddha Dorje Sempa Rochalla Grüne Tara erwärmt Dein Herz mit seiner Liebe, wenn sich Dein Herz und Deine Seele zusammengekrampft haben. Er spendet Dir Kraft, wenn Du mutlos geworden bist.

17.12.2000 - Ägypten Hurghada

Am 17.12.2000 erhielt Elena Ros in Hurghada am Roten Meer ihre erste Erleuchtung. Sie war so überwältigt und glücklich, dass sie in Ohnmacht fiel und Buddha Dorje Sempa Rochalla Grüne Tara erst gar nichts bemerke. Sie erhielt ihre Erleuchtung von Lord Shiva Rochalla und sie war für kurze Zeit im Lord-Shiva-Land, dem Paradies. Buddha Dorje Sempa Rochalla Grüne Tara saßen mit Elena im Orientel Cafè und beobachteten ihre nächsten Schritte. Elena Ros machte Aufnahmen von ihrem kleinen Paradies am Roten Meer, sie versuchte, alles in Erinnerung zu bewahren. Sie war besonders gerne im Palmgarten, der bis zum Ufer des Roten Meeres reichte.

Vier Tag später verbrachte sie mit Buddha Dorje Sempa Grüne Tara einen Tag auf seinem Schiff. Bevor sie das Schiff betrat, stellte er ihr die Frage: „Would you like to marry me?" Sie antwortete „Yes of course". Beide verbrachten glückliche Stunden auf dem weißen Schiff, die unvergessen blieben.

Er zeigte ihr das Schnorcheln und sie sollte sich an seinen Schultern festhalten. Elena tanzte voller Freude auf dem Schiff herum, bekam sie doch dort ihre zweite Erleuchtung mit Buddha Dorje Sempa Rochalla Grüne Tara.

Am 8. und 9.9.2018 beobachtete Elena, wie der Himmel voller weißer Streifen war. Sie bildeten Dreiecke, Quadrate, Rauten und Vierecke. Das war ein Energiefeld/Gitternetz des Kosmos, wie man es nicht so oft zu sehen bekommt. Es war eine Erleuchtung in Buddha Dorje Sempa Rochalla und Grüne Tara. Buddha Dorje Sempa Rochalla Grüne Tara repräsentiert die All-Macht Lord Shivas Rochalla und sein Kalachakramandala.

Er ist im Norden. Seine Farben sind smaragd-grün türkis-blau. Elena Ros war begeistert über ihre Erlebnisse am Roten Meer, ihrem kleinen Paradies. Eines Tages hielt sie sich am Ufer des Roten Meeres auf und plötzlich sah sie eine Energie- und Lichtgestalt. Es war Buddha Dorje Sempa Rochalla

Grüne Tara, er war weiß, transzendent, durchsichtig und wunderschön anzusehen. Elena konnte ihn nur für kurze Zeit sehen. In ihrem Buch „Felfella Sempa" schrieb sie das letzte Kapitel über diese Begegnung.

Kurze Zeit später überrollten schlimme Ereignisse ihr Leben in Ägypten. Elena wurde ihre EC-Karte gestohlen und sie musste schreckliche 5 Wochen auf der Strasse leben, konnte sie doch ohne Geld die Miete nicht bezahlen. Sie wurde gefangen genommen und man hat sie 12 Tage und Nächte im Gefängnis von Hurghada gefoltert. Sie schrieb als Journalistin Artikel nicht nur in Deutschland, sondern auch in Ägypten – was nicht erlaubt war. Die Schilderung dieser harten Zeit in Ägypten finden sich in ihrer Biographie „Rochallas weiße Schuhe. Ein Leben auf Messers Schneide."

Elena Ros flog nach Deutschland zurück, um ihr Trauma in der Klinik behandeln zu lassen.

Mahakalla hatte zugeschlagen sowohl in Ägypten als auch in Deutschland. Er hatte ihr Leben gründlich zerstört. Wie gesagt, ein Leben auf Messers Schneide.

Lord Shiva Rochalla Stern

Jeden Abend saß Elena Ros auf ihrem Balkon und beobachtete einen großen, gold-gelben Stern am Himmel. Es war Buddha Avalochitesvara Rochalla-1000-armig, der seine Bahnen zog. Er war erst alleine zu sehen, später tauchten dann auch die anderen kleineren Sterne auf.

Lord Shiva Rochalla heilte Elena von den vielen Mahakalla-Verletzungen. Er gab ihr die Motivation, ihre Bücher zu schreiben und die Kraft, alles zu vollenden. Elena schrieb über das Thema Lord Shiva Rochalla. Sie wusste immer, dass er bei ihr war und sie heilte, weil sie seine zarte und sanfte Berührung fühlte. Für Elena wurde es fast so selbstverständlich, wie das tägliche „Vater unser" für einen Christen.

Buddha Dorje Sempa Rochalla Grüne Tara. Er vollzieht das Wunder der Heilung immer dann, wenn Elena ihn mit einem Gebet darum bittet. Sie lobt ihn und sie dankt ihm für seine Hilfe. Er spricht mit ihr ohne Worte. Das Wunder der Kommunikation vollzieht er so oft, wie Elena den Wunsch hat, mit ihm zu reden. Es ist immer mit einem Ritual verbunden. Sowohl die Gespräche als auch die Heilungen mit ihm sind heilig und geheim.

Bis zum 9.9.2018 erhielt Elena Ros insgesamt 10 Erleuchtungen. 4 Erleuchtungen aus dem Buddha-Mandala und 6 Erleuchtungen aus dem Lord Shiva-Stern.

Der Name Buddha bedeutet: Dorje zwei, BA (Atman-Seele) einmal und das Hung. Erleuchtung geht immer mit Erkenntnis einher. Lord Shiva Rochalla verschenkt keine Erleuchtung. Sie ist immer hart erarbeitet.

Elena Ros kann sich an jede einzelne Erleuchtung erinnern. Erleuchtung geschieht in ACH und durch Lord Shiva Rochalla. Voraussetzung ist die Verwirklichung im Klaren Geist Lord Shivas und in BA, Atman-Seele oder Lord Shiva-Seele. Klarer Geist von Lord Shiva Rochalla und die Lord Shiva-Seele müssen zusammenkommen, erst dann ist Erleuchtung in ACH möglich.

Elena erinnert sich an die Erleuchtung in den Klaren Geist von Lord Shiva Rochalla ganz besonders. In dieser Nacht beobachtete sie, wie 178 Flugkörper von West nach Ost flogen. Spiralförmig umkreiste ein buntes Licht jedes einzelne Flugobjekt. Sie nahm das Wesen jedes einzelnen Flugkörpers wahr, das immer mit einem Abstand und spiralförmigem Licht zu sehen war. In den frühen Morgenstunden wurde es ruhig um sie herum. Plötzlich sah sie einen Himmelskörper, der groß und weiß und rechteckig war. Es war prächtig und wunderschön anzusehen.

Der Klare Geist von Lord Shiva Rochalla ist grenzenlos, er umfasst alles. Wenn man eine Orange ins Meer, Ozean und Pazifik werfen würde, wäre das ein Vergleich mit dem Raumverhältnis von einer Orange mit dem Klaren Geist von Lord Shiva.

Sphäre im Lord Shiva Rochalla Stern

Der Klare Geist von Lord Shiva Rochalla im Lord Shiva-Stern ist die erste Sphäre, Symbol Sonne und Löwe. Er ist grenzenlos und raum- und zeitüberwindend. Er ist die Wahrheit, das Wissen, die Weisheit und das Wort, die Erkenntnis und die Erleuchtung. Laotse spricht von Dao, dem Prinzip, dem Weg und von der Transzendenz. Der Klare Geist von Lord Shiva Rochalla ist die Kraft im Universum, die in der Lage ist, Mahakalla im Schwarzen Mantel einzukreisen, so dass das Übel unfähig wird, sein Unheil zu verbreiten.

Der Klare Geist von Lord Shiva Rochalla ist darüber hinaus die Leere. Alles um den Schwarzen Mantel herum bezeichnet die Lord Shiva-Lehre als Sunjata. Unterhalb vom heiligen magischen, rautenförmigen Gitternetz des Kosmos befindet sich Sunjata, die Leere.

Klarer Geist von Lord Shiva Rochalla und die Atman-Seele sind eng miteinander verwoben. Das

Flies, die Membran und der Innere Raum zählen zu Sunjata, Leere. Elena Ros kennt das Glücksgefühl, mit Buddha Dorje Sempa Rochalla Grüne Tara in der Leere zu sein. Das rautenförmige Gitternetz des Kosmos ist die Seele von Buddha Avalochitesvara Rochalla. Wenn die Seele, das Gitternetz des Kosmos verletzt wird, hat das gravierende Auswirkungen auf das gesamte Energiefeld.

Elena Ros sieht die Energiefeldaufstellung und das magische Gitternetz des Kosmos und wie es sich bewegt. Fließend von rechts nach links, von oben nach unten, senkrecht, waagerecht, diagonal, spiralförmig und in alle Richtungen. Das EfA/GN zu erkennen bedeutet, Anteil zu haben an Sunjata, das größte Wunder im Universum, das man sich kaum vorstellen kann. Budddha Dorje Sempa Grüne Tara verändert ständig seine Form, die Farbe, den Energiefluß.

Elena Ros sieht das EfA/GN ihres Körpers und ihrer Seele. Wenn Mahakalla ihre Seele attackiert, sind ihre Atemwege in Bedrängnis. Die Lungenentzündung Anfang 2018 hätte schon ausgereicht, sie in einen üblen Sterbeprozess zu katapultieren. Es dauerte 6 Monate, bis sich Elena Ros davon erholte. Ihr Energiesystem (EfA) war sehr angegriffen. Mahakalla will sie töten. BA, die Atman-Seele bzw. Buddha Avalochitesvara Rochalla-Seele gehören in den Bereich 5 des Lord Shiva-Sterns.

Rochalla bedeutet Seele von Buddha Avalochitesvara Rochalla 1000-armig.

Klarer Geist und Seele zusammen bedeutet, dass eine Erleuchtung durch Buddha Avalochitesvara Rochalla 1000-armig möglich ist.

Das heilige Gitternetz ist die Seele von Buddha Dorje Sempa Rochalla Grüne Tara.

In den Aufnahmen, die die NASA vom heiligen Gitternetz gemacht hat, sind deutlich ganze Galaxien zu sehen, die sich im Gitternetz des Kosmos festgesetzt haben.

Im Budddha Mandala gehört Buddha Amithaba in den Westen. Er repräsentiert das ACH im Buddha Lord Shiva-Stern. Seine Farbe ist rubin-rot. Er trägt eine dunkel-blaue Schale in den Händen, die mit einer weißen Flüssigkeit gefüllt ist.

Buddha Amithaba hat geschworen, dass er das Dewachen für alle Buddhisten bzw. Buddhas für immer offenhalten wird. Das Dewachen ist das Paradies für Buddhisten.

Es gab ein wunderschönes Bild von Buddha Amithaba, das Elena in ihrer Wohnung am Roten Meer aufhängte. Er erinnerte sie an gute Zeiten im buddhistischen Zentrum in Frankfurt.

Sie wollte an der Einweihung POWA von Lama Ole Nydhal teilnehmen, das im spanischen Malaga stattfinden sollte. POWA bedeutet „bewußtes Sterben". Vor der Teilnahme mußte sie 1.000 Mal das Mantra von Buddha Amithaba sagen:

„OM AMI DEVA SHRI."

Sterbeprozess

Über den Sterbeprozess vermittelt keine Religion die „Wahrheit". Es kommt zu diesem Prozess, dass deine Gedanken, Taten, Gefühle und Vorlieben „ausgesiebt" oder gefiltert werden. In dem Moment, in dem sich die Struktur – dein Körper – von deinem Geist, deiner Seele und vom Grünen Haus trennen, werden alle drei Elemente einer so schrecklichen Attacke von Mahakalla ausgesetzt, wie Du es dir in den kühnsten Vorahnungen nicht vorstellen kannst. Und du musst Dich in diesem Kampf, der da stattfindet, behaupten. Wenn Du nicht darauf vorbereitet bist, wie ich durch meine Erfahrungen mit den Attacken von Mahakalla, hast du verloren und du landest selber in dem Bereich, in dem sich Mahakalla aufhält. Ich habe schon oft über Mahakalla gesprochen, aber es gibt keine Beschönigung. Mahakalla ist absolut gefährlich, die schwarze Energie verläuft von rechts nach linksl und die spiralförmige Bewegung geht von außen nach innen – aber nicht rechts sondern links herum. Du siehst das Energiefeld von knallroter

Farbe überzogen, die nichts mit dem Roten Haus oder Rubin-Rot zu tun hat.

Das Energiefeld ist von ganz anderen Strukturen überzogen - spitz zulaufend und fast schwarz.

Was dir Angst machen wird, ist die Tatsache, dass im Energiefeld eine so schnelle Bewegung herrscht, dass du wahrlich herumgewirbelt wirst. Allein diese Punkte lähmen dich und wenn du obendrein das Energiefeld wahrnehmen kannst, siehst du einen schwarzen Mann, siehst du Wiesel, die durch Tunnel laufen, siehst Du viele schwarze Flecken, die sich bewegen. Es ist nicht nur gruselig, die Monster und Halunken, Dämonen, Tod und Teufel wollen tatsächlich an dein Leben. Meine Erfahrung mit Mahakalla ist die, dass ich absolut erschöpft bin allein von der Tatsache, was ich da mit meinen Augen sehe. Du spürst genau – weil du es siehst – dass keine Zeit des Ausruhens oder Verweilens ist. Du musst handeln – und auch Lord Shiva kann dir in diesem Prozess nicht helfen.

Der nächste Schritt in deinem Sterbeprozess ist – nachdem zu zweimal den Kampf mit Mahakalla eindeutig gewonnen hast – dass du das Energiefeld mit der Farbe Rubin-Rot überzogen siehst. Ab hier kannst du dich wohlfühlen, aber auch dann ist noch nicht eindeutig entschieden, ob du ins Paradies kommst oder nicht.

Die Verbindung zwischen Buddha Amithaba und ACH wird durch das magische Gitternetz aufrechterhalten. Das heilige, magische rautenförmige Gitternetz ist weiß, transzendent und transparent. Darüber befinden sich das Energiefeld (EfA/GN). Beide bilden eine Einheit, in der der heilige, magische Energiefluss in alle Richtungen fließt: waagrecht, diagonal, senkrecht und spiralförmig. Elena Ros kann das sich bewegende Auf- und Ab, das Fließende und sich in Ruhe befindliche mit ihren innerem Auge sehen. Kein anderer Mensch kann es erkennen und daraus die richtigen Schlüsse ziehen.

Elena sieht manchmal mit ihrem Dritten Auge ein
wunderschönes Rubin-Rot, das es nur im heiligen
EfA/GN gibt.

Lac Noir

Während ihres Geburtstages am Lac Noir in Frankreich, den sie mit ihrem Bruder Alfred und ihrer Freundin Marianne im Elsass verbrachte, geschah ein kleines Wunder, ohne dass sie es gemerkt hätte. Sie hatte Fotos geschossen mit einem schwarz-weiß-Film und nachdem der Film entwickelt war, war sie erstaunt darüber, was sie sah.

Sie fotografierte die ruhige Wasseroberfläche des Lac Noir und die Böschung am Ufer dazu. Als E-lena die Bilder auf die Seite drehte, erkannte sie mehrere Buddha-Statuen mit lachenden Gesichtern. Das, was sich am Himmel zeigte, konnte sie nun auch auf der Wasseroberfläche gespiegelt sehen. Buddha Avalochitesvara Rochalla 1000-armig nennt es auch die Spiegelgleichheit, das was in der 6. Ebene in ACH vorkommt.

Buddha Manjushri - Gotteskraft

Die Gotteskraft ist die innere Buddha-Natur für Buddha Manjushri. Auf dem Weg zur Erleuchtung begegnete Elena Ros mehrmals Buddha Manjushri, nachdem sie von Lama Ole Nydahl in Buddha Manjushri eingeweiht wurde. Sie nahm Zuflucht zur Sangha, Dharma und Buddha und sie erhielt den Namen Grüne Tara, Wangshuk Doelma und Allmächtige Befreierin.

Als Elena, die im Hessischen Rundfunk in Frankfurt arbeitete, zwei ihrer Arbeitskolleginnen berichtete, dass sie an einem Kurs mit Namen POWA „bewusstes Sterben" teilnehmen würde, sah sie in zwei erschrockene Augenpaare. Wer möchte sich schon mit diesem Thema beschäftigen!

Der Kurs, den Lama Ole Nydahl zelebrierte, fand in einem Zelt in Südspanien, Malaga, statt. Sie meditierten alle im Scneidersitz mehrere Tage lang. Elena Ros erlebte ihre Erleuchtung ganz intensiv. Es

war wunderschön, sie sah einen großen leuchtenden Regenbogen vor sich, der in intensiven Farben
erstrahlte. Danach bekam sie von Lama Ole Nydahl
die Einweihung in Buddha Manjushri. Sie kaufte
eine große Buddha-Statue und stellte sie auf ihren
Altar. Die Buddha Manjushri-Statue bekam einen
Ehrenplatz neben Lakshmi, der Göttin des Glücks.

Lama Ole Nydahl leitet Meditationszentren in der
ganzen Welt, quasi ein Wanderprediger in der Neu-
zeit. Elena begann ihre Praxis im Buddhazentrum
in Frankfurt und unterbrach die Meditationen, als
sie sich intensiv auf ihren Universitätsabschluss in
Soziologie vorbereitete. Elena baute zu Buddha
Manjushri ein tiefes Verhältnis auf. Sie sprach das
Buddha Manjushri-Mantra

„OM BENZA SATO HUNG“.

regelmäßig.

Buddha Manjushri trägt ein Schwert in der rechten
Hand. Mit dem Schwert durchtrennt er den

Schleier der Unwissenheit. In der linken Hand trägt er das Weisheitsbuch, das er selbst geschrieben hat. Es enthält sowohl sein Wissen, die Wahrheit, die Weisheit als auch das Wort. Es ist das Weltengedächtnis, in dem alles verzeichnet wird, was ein Mensch gefühlt, gesprochen, gedacht und getan hat. Buddha Manjushri sitzt auf einem Lotussitz und er hat eine große Krone auf dem Haupt.

Elena Ros hatte die Gewissheit, dass sie mit Unterstützung von Buddha Manjushri die Universitätsprüfungen mit sehr gut abschließen würde. So geschah es auch. Alle Hindernisse, die sich vorher auftürmten, waren nun beseitigt und Elena Ros erhielt tatsächlich ein sehr gut in der Abschlussnote. Ihr Freundes- und Familienkreis gratulierten Elena Ros. Die Familie war stolz auf sie. Sie hatte das Gefühl, dass sie ihre Familie transformiert hatte, was natürlich so nicht der Fall war. Elena wollte Respekt, Anerkennung und Aufmerksamkeit.

Sie fuhr nach Heidelberg und ließ die Statue von Buddha Manjushri von Lama Ole Nydahl mit etwas füllen, was sie noch nicht kannte. Buddha Manjushri repräsentierte die innere Buddha Natur Gotteskraft und den Raum.

Mit Hilfe von Buddha Manjusri gelang es Elena Ros einen guten Job zu finden. Sie bekam den Auftrag, für den Hessischen Rundfunk ein Abendstudio-Feature zu schreiben. Der Titel, den sie der Sendung gab war: ‚"Heimat Deine Sterne, über die Schwierigkeiten, Weltbürger zu sein."

Elena wurde schwanger, verlor ihre kleine, süße Tara aber wieder unter widrigen Umständen. Sie konzentrierte sich ganz auf den Erfolg der Feature, das in 5 Kontinente ausgestrahlt wurde. Sie erhielt ein tolles feed-back, auch von den Professoren, die sie nach dem Studium für die Radiosendung gefragt hatte.

Danach standen die Auseinandersetzungen und der Kampf gegen Mahakalla im Mittelpunkt. Das Leben, das sich Elena Ros in mühevoller Kleinarbeit aufgebaut hatte, ging nun den Bach hinunter.

Buddha Manjushri war immer bei ihr und beschützte sie vor den Mahakalla-Attacken. Sie heiratete einen jungen Mann aus Kamerun und ließ sich nach zwei Jahren wieder scheiden. Die Beziehung war ein einziges Desaster. Er war ausschließlich daran interessiert, seine Familie in Kamerun zu unterstützen, als eine vernünftige Ehe zu führen.

Elena Ros startete eine Reihe von Reisen nach Ägypten, bis sie sich endlich 2005 zu einer Auswanderung entschied. Buddha Manjushri half Elena bei der schwierigen Aufgabe, Mahakalla aus ihrem Leben zu verbannen.

Lord Shiva Rochalla

Erst am 19.2.2016 gelang es ihr, nachdem Lord Shiva Rochalla und Buddha Manjushri sie in diesem ungleichen Kampf der Kräfte unterstützte. Sie begann, ihr erstes Buch zu schreiben und konzentrierte sich voll und ganz auf die Veröffentlichung, obwohl sie sehr viele Fragen an Lord Shiva Rochalla hatte, wurde er nie ungeduldig. Im nach hinein fragte sie sich, wer die ersten beiden Bücher geschrieben hatte. Er oder Elena? Eines Tages hörte sie auf damit, ihre Wunden zu lecken und alle ihre Verluste zu zählen.

Speziell die Biographie mit dem Titel „Rochallas weiße Schuhe. Ein Leben auf Messers Schneide" zählte zum Prozess der Läuterung. Jeder, der den Weg der Erkenntnis gehen möchte, muss sich diesem Prozess der Läuterung unterziehen.

Kein Mensch, der Lord Shiva Rochalla um Erleuchtung bittet, wird von ihm abgewiesen. Bei Elena dauerte die Phase von 2006 bis 2016. Ptah Nofru, ihre Reinkarnation, hat sich erst nach 4000 Jahren reinkarniert.

Elena hatte eine große Fotografie von Buddha A-mithaba im Buddhistischen Zentrum in Frankfurt erworben. Die Aufnahme war sehr schön und er hat ihr sehr viel Trost gespendet in den heißen und schweren Tagen in Hurghada.

In ihrem IV. Buch „Felfella Sempa" reiste Buddha Manjushri Rochalla von Alexandria nach Hurghada. Er eröffnete 1858 v.Chr. ein Meditationszentrum. Er machte jeden Morgen um 4:00 Uhr die Praxis mit der Hurghada-Gruppe und um 18:00 Uhr hielt er Belehrungen zum Thema Lord-Shiva-Rochalla-Stern und Lehre. Dann entschied er sich, Guru Nanak wieder nach Indien zu begleiten.

Sie kamen beide nach Hurghada, dem kleinen Paradies am Roten Meer zurück, da sie mit eRos Unstimmigkeiten in der Lehre mit Lord Shiva Rochalla klären wollten. eRos war in der Lage, solche Gespräche zu führen. Buddha Manjushri Rochalla

fühlte sich im Garten, der direkt am Roten Meer
lag, sehr wohl.

Er begrüßte Buddha Dorje Sempa Rochalla Grüne
Tara, den er sehr verehrte. Und er begleitete Guru
Nanak wieder auf seinen Reisen.

Die innere Buddha-Geist-Natur von Buddha Manjushri ist die Gotteskraft.

Das ACH ist das Dewachen und das Paradies von
Lord Shiva Rochalla, das der Gotteskraft gegen-
über liegt – auf der senkrechten Linie.

Er ist im Buddha-Mandala im Süden und hat die Farbe gold-gelb.

Buddha Manjushri Rochalla repräsentiert den Klaren Geist von Avalochitesvara Rochalla Geist und BA, die Seele von Avalochitesvara Seele oder Atman-Seele. Sein Mantra leutet:

„OM MANI PADME HUNG".

Buddha Avalochitesvara Rochalla wird auf den Statuen und Tankas mit 1000 Armen dargestellt. Das sind seine 1000 Namen und Aspekte, die er hat. Er trägt viele Halsketten.

Buddha Avalochitesvara Rochalla ist der Budddha des transzendenten Mitgefühls. Er sitzt auf einer Lotusblüte, oft wird er stehend auf einer weißen Lotusblüte dargestellt.

Der Name Rochalla bedeutet das gold-gelb seiner Seele. Avalochitesvara. Im Namen ist die Tara enthalten, das Chi und die Göttin Lakhsmi. Buddha

Avalochitesvara Rochalla erteilt Erleuchtung nur dann, wenn der Klare Avalochitesvara Geist und die Seele Rochalla zusammenkommen. Die Trommel oder Doppelaxt. Das Buddha-Mandala enthält vier Buddhas und 6 Ebenen oder Sphären.

Die Sphären des Avalochitesvara-Sterns (KAG, AM, GK) gehören zu Tibet. Die Ebenen (KA, BA, ACH) zu Ägypten. Elena kam zu dem Schluss, dass sich Tibet und Ägypten ausgetauscht haben. Das bestätigt Buddha Avalochtesvara Rochalla.

Buddha Avalochitesvara 1000-armig gab ihr den Namen Rochalla die Kämpferin und Rochalla die Heilerin.

Lord Shiva Rochalla

Er repräsentiert die Mitte des Buddha-Mandalas. Die Farben sind schwarz. Hier zentrieren sich die Buddhas (1-4) und die transzendenten Sphären (KAG, AM. GK) und die Ebenen (KA, BA, ACH) in der Mitte. Wenn man die Schnittstelle von drei Kreisen zusammennimmt, erhält man in der Mitte die Zahl 60 und die Farbe schwarz. Die Farbe schwarz bedeutet alle Farben zusammen: rot, blau, gold-gelb und smaragd-grün türkis-blau.

Lord Shiva Rochalla ist das höchste Wesen im ganzen Universum.

Er traf die Entscheidung, mit Elena Ros zusammenzuarbeiten und mit ihr seine Lord Schiva Rochalla Lehre zu veröffentlichen. In der Anfangszeit dauerte ein Gespräch mit ihm relativ lange. Später kamen die Antworten auf ihre Fragen ohne Probleme bei ihr an. Zu Beginn fragte Elena noch dies und das und jenes über die Lehre, den Stern und über ihn selbst. Später war sie in der Lage, die Lord

Shiva Rochalla Lehre ohne Probleme zu beschreiben. Lord Shiva Rochalla belohnte sie dafür, dass sie unermüdlich daran arbeitete.

Buddha Avalochitesvara Rochalla 1000-armig repräsentiert das BA, die Atmann-Seele und Lord Shiva Rochalla, den Klaren Geist von Avalochitesvara Rochalla Geist.

Im Klaren Lord Shiva Rochalla Geist müssen 178 Aspekte verwirklicht werden. Lord Shiva Rochalla repräsentiert den Klaren Geist. Die Fähigkeit von Elena Ros, Lord Shiva Rochalla sehen zu können, basiert auf den Klaren Geist von Lord Shiva Rochalla. Intuitiv erfasst sie eine Situation als angenehm, schön, wunderschön oder als unangenehm, schlimm oder ganz übel. Die Erleuchtung in den Klaren Geist von Lord Shiva Rochalla erlangte sie erst im Juli 2018, also 18 Jahre nachdem sie das erste Mal ägyptischen Boden betreten hatte. Auch wenn sie Lord Shiva Rochalla längere Zeit nicht sehen konnte, war er doch immer bei ihr. Er führte Elena auf den Weg der Erkenntnis.

Elena Ros hatte keine Zeit, sich einem Herzinfakt vor lauter Angst und Schrecken hinzugeben. Mahakalla war eine Größe (Mahakalla -180), die bekämpft werden musste. Sie erlebte verschiedene Arten von Mahakalla, wobei die eine noch gefährlicher war als die andere. Sie wurde immer wieder bedroht damit, das Mahakalla sie umbringen wollte, Elena Ros lernte, gegen Mahakalla zu kämpfen. Sie wurde immer stärker, je öfter Mahakalla versuchte, sie erneut zu töten und in einen Sterbeprozess hineinzuziehen.

Sie kämpfte mit allen Mitteln, die ihr zur Verfügung standen. Daraus ist die Meditation Durchgang durch die Schlucht entstanden. Sie ist die wirkungsvollste Methode, Mahakalla zu entsorgen.

Die Seele des Lord Shiva Sterns heißt Rochalla.

Sie ist das heilige Gitternetz des Kosmos, das von Lord Shiva Rochalla aufgebaut wird.

Es ist weiß, rautenförmig, magisch, transparent und transzendent.

Lord Shiva repräsentiert den Klaren Lord Shiva Rochalla Geist, der die 1. Sphäre des Lord Shiva Rochalla Sterns umfasst, den Schwarzen Mantel und den Bereich vom Lord Shiva Rochalla Stern bis zum Buddha-Mandala.

Lord Shiva Rochallas Anwesenheit in Elenas Wohnung begann mit dem 19.2.2016. Bis zu diesem Zeitpunkt wurde sie von Mahakalla wie ein aufgescheuchtes Tier gejagt.

Elena Ros flüchtete aus ihrer Wohnung, Mahakalla war hinter ihr her. Sie hatte ihre kostbarsten Dinge auf dem Gepäckträger ihres Fahrrades festgebunden und fuhr auf dem Radweg, der mitten durch die Gärten führte. Die Gefahr wurde so groß, dass sie das Rad nach rechts in das Feld schmiss. Sie rannte durch die Usa und versteckte sich hinter einen kleinen Busch, der im Garten stand. Sie kannte die Leute, die im Garten waren. Elena hielt so lange es ging die Luft an, in der Hoffnung, dass Mahakalla ihre Spur verlor. Sie ging an den Tisch und beobachtete eine merkwürdige Szene.

Plötzlich fing es sehr stark an zu regnen. So einen Platzregen kannte sie nur von der griechischen Insel Kreta und vom Comer See in Italien. Elena wurde klatschnass und lief so schnell sie konnte in ihre Wohnung zurück. Sie war froh, der Bedrohung durch Mahakalla entronnen zu sein.

Für dieses Mal war sie gerettet. Einige Tage später kam ein Mann mittleren Alters vorbei und brachte Elena Ros das Fahrrad mit allen Sachen wieder zurück: den kostbaren Schmuck und das Lap-top. Sie dankte ihm vielmals.

Elena Ros rannte bis zur Erschöpfung in Friedberg herum, immer auf der Hut vor der nächsten Mahakalla-Attacke. Ihr bester Freund brachte sie in die Klinik. Er hatte gesehen, wie Elena durch die Stadt gehetzt wurde. In der Klinik kam sie wieder zu sich. Sie kämpfte aber auch dort gegen die Schwarzen

Mahakalla Wolken an und betete stundenlang um Hilfe aus der Geistigen Welt.

Plötzlich sah Elena einen großen Raum vor sich. Es sah aus wie eine Kathedrale. Es war die Leere von Lord Shiva Rochalla. Eine große Schar schwarzer Krähen flog jeden Abend um 18:00 Uhr um das Klinikgelände herum. Elena beobachtete die schwarzen Vögel so lange, bis sie wieder wegflogen. Der Krach war ätzend und Elena Ros fühlte sich von den schwarzen Krähen bedroht. Sie war froh, als sie am 19.2.2016 wieder aus der Klinik entlassen wurde.

Lord Shiva Rochalla

Von diesem Tag an hatte sie das erste Mal Kontakt mit Lord Shiva Rochalla. Sie führte Gespräche mit ihm und er beantwortete jede Frage, die sie an ihn richtete.

Elena Ros begann, ihre kreative Phase in Form von Malerei und in Aquarellbilder auszuleben. Sie malte 64 Bilder in kurzer Zeit und sie war erfolgreich mit einer Ausstellung im Hessischen Rundfunk. Sie malte das, was sie mit geschlossenen Augen im EfA/GN sah. Elena nannte die Ausstellung „Orientalische Impressionen". Die Reaktion eines Journalisten, der lange Zeit im Irak gelebt hatte, lautete:

„Käme die Künstlerin aus Bagdad, könne man meinen, sie habe das Morgenland gemalt."

Elena Ros beendete ihre Biographie, die zu zwei Drittel vom Leben in Ägypten handelte. Danach schrieb sie ein Sachbuch zum Thema: „Reinkarnation und Erleuchtung" mit dem Titel „Echo meiner Seele." Innerhalb von 3 Monaten schrieb sie zwei weitere Romane und veröffentlichte sie im Verlag Tredition. Auch Amazon.de und Hugendubel.de bieten alle Bücher zum Kauf an. Elena arbeitete voller Freude und organisierte mehrere Lesungen.

Der kreative Schub hielt auch in den kommenden zweieinhalb Jahren an. Lord Shiva Rochalla schenkte ihr alles, was ihr Herz begehrte, sprach mit ihr über alles, was Lord Shiva Rochalla Stern betraf und heilte ihre Seele, ihren Geist, den Körper, ihr Leben und ihr Herz. Elena war fähig, 8-12 Stunden am Tag zu arbeiten. Sie schrieb das Buch „Die Kraniche ziehen" in einem Monat. Der Roman erzählt von Ptah Nofru und Guru Nanak, die von Kreta nach Alexandria, von dort nach Indien und weiter nach Hurghada in Ägypten reisten.

Elena ließ ihrer Phantasie freien Lauf und versetzte die „Schauplätze" in das Jahr 1858 v.Chr.

Der Roman „Felfella Sempa" enthielt faszinierendes Wissen und Lesespaß, spielte in Hurghada und handelte von einem Meditationszentrum, das direkt am Meer lag. Die Hurgadha-Gruppe vollzog jeden Morgen um 4:00 Uhr ihre Übungen, Meditationen und Gebete. Regelmäßig hielt Buddha Manjushri seine Belehrungen ab, die meistens von der Lord Shiva Rochalla Lehre handelten: Klarer Geist, Allmacht, Gotteskraft, KA, BA und ACH.

Als er sich entschloss, mit Guru Nanak, dem Wanderprediger, nach Indien zu reisen, um dort die Lord Shiva Rochalla Lehre zu verkünden, übernahm eRos die Leitung des Meditationszentrums in Hurghada. Buddha Manjushri hat ihr den Titel „Lama" verliehen.

Alle erhielten von Lord Shiva Rochalla die Erleuchtung, eRos während des Tango-Tanzes im Bauchtanzclub Lord, andere während ihrer Hochzeitsnacht. Alle Menschen, die im Verlaufe des Romans vorkamen, waren Könige, Prinzen oder Prinzessinnen, Buddha oder Guru. Diejenigen, die nicht aus einer Königsfamilie kamen, hatten besondere Fähigkeiten, wie der Musiker, die Goldschmiedin oder eRos. Alles spielte sich in der Zeit um 1858 v.Chr. ab. Es gab sehr gute Zeiten, aber auch eine Mahakalla-Attacke in Form eines Sandsturms. Mahakalla hatte in den Jahren davor in ganz Ägypten gewütet und die Hälfte der Bevölkerung getötet.

Alle waren daran interessiert, Erleuchtung zu erlangen, weil es auch bedeutete, von Mahakalla befreit zu sein. Frei zu sein von seinen Attacken und Tötungsabsichten. eRos, Daniel und Tara, ihre Tochter, sahen Buddha Dorje Sempa Rochalla als erste über dem Roten Meer schweben.

Niemals zuvor hatten sie so etwas Wunderschönes gesehen. Buddha Dorje Sempa Rochalla entschied sich, im Royal Palast zu leben. Er bat eRos und Daniel Nofru darum, ihn auf seiner Reise durch Ägypten und nach Indien zu begleiten. eRos war bereits im ganzen Land dafür bekannt, dass sie mit Lord Shiva Rochalla reden konnte. Der König von Ägypten stellte Fragen, die die Zukunft seines Volkes betrafen. Der König von Nubien wollte wissen, ob er die bevorstehende Schlacht gewinnen könne.

Buddha Dorje Sempa Rochalla wusste alles und es war eine große Ehre für die beiden, eRos und Daniel Nofru, dass sie Buddha Dorje Sempa Rochalla begleiten durften. Buddha Dorje Sempa Rochalla und Guru Nanak, der Heilige, würden ihn ebenfalls begleiten. Guru Nanak hatte bereits einen Schülerkreis in Indien aufgebaut. Die Gruppe wartete darauf, ihn wiedersehen zu können. Seine neue Ehefrau Sylvia würde ihn auf all seinen Reisen begleiten und sie freute sich darauf, sein königliches Elternhaus kennenzulernen. eRos hatte die Fähigkeit, Mahakalla zu beseitigen und ins Schwarze Loch des Kosmos zu entsorgen. Während des Sandsturms in Hurghada hatten alle Frauen der Hurghada-Gruppe diese Form der Meditation praktiziert und sie waren erfolgreich damit. Mahakalla verzog sich in andere Bereiche der Erde und ließ sie in Ruhe. Das Leben so vieler Menschen war gerettet.

eRos erhielt von Lord Shiva Rochalla den Namen „Rochalla die Kämpferin und Rochalla die Heilerin" und sie würde diese Auszeichnung am 19.2.2016 an Elena weitergeben, die in Friedberg-Fauerbach lebte. Sie wurde in DddS eingeweiht. Er warnte sie davor, sie anzuwenden, weil sie für Elena auch sehr gefährlich sein kann, obwohl sie hundertprozentig wirksam gegen Mahakalla sei. Elena sei die Einzige im Jahre 2016, die DddS machen konnte.

Elena ist die Reinkarnation von Ptah Nofru, Göttin Isis, Buddha Dorje Sempa Rochalla, Buddha Manjushri und Guru Narnak. Reinkarnation ist die Verbindung der Seele, die reinkarniert werden will, und der Seele von Elena Ros.

Elena hatte auch während ihrer langen Aufenthalte in der Klinik in Friedberg nicht aufgehört, mit ihrem Klaren Geist zu arbeiten. Es entstand zwischen ihr und ihrem Klaren Geist eine so starke Kooperation, die nie mehr in ihrem zukünftigen Leben aufhören würde. Tag und Nacht setzte Elena Ros unermütlich ihren starken Klaren Geist ein, baute die Verbindung zu Lord Shiva Rochalla auf und setzte wie immer ihre Praxis fort. Diese beinhaltete Gebete, Visualisationen, EfA/GN, Schreiben und Malen. Es gab keinen Tag, an dem sie eine Pause einlegte. Das wichtigste Merkmal an den täglichen Übungen waren die Gespräche mit Lord Shiva Rochalla. Sie verlor keinen Augenblick aus den Augen, wer Lord Shiva Rochalla war.

Das höchste Wesen im Universum.

Die starke Verbindung zwischen seinem Klaren Geist und ihrem Klaren Geist war die Voraussetzung für ihre Gespräche.

Elena hatte eine starke Seele und einen Klaren Geist mit auf ihren spirituellen Weg zur Erleuchtung bekommen. Die Visualisation des Lord Shiva Rochalla Sterns und das Buddha-Mandala wurden immer klarer von ihr ausgearbeitet.

Das Schreiben der Bücher wurde für Elena zur Passion, wusste sie doch, das Lord Shiva Rochalla alles lesen konnte, was sie schrieb und er bewertete jedes Wort, dass sie veröffentlichen wollte. Es war keine Frage, er wusste, was gut und richtig war im Text. Die Fähigkeit, zu formulieren und einen Roman zu schreiben, war ihr Können. Aber die Kraft dafür, 8-12 Stunden zu schreiben, kam jeweils von Lord Shiva Rochalla. Es ist wie eine Symbiose, die ewig währen wird. Seele und Geist sind vereint und gehören zusammen.

Die intensivsten Phasen, die Elena während des Schreibens hat, nennt sie flow. Hier schreibt es sich quasi wie von selbst und sie weiß genau, dass es die Phasen sind, in denen Lord Shiva Rochalla aktiv mitwirkt.

Mit Hilfe dieser Koordination ist es Elena Ros gelungen, die Lord Shiva Rochalla Lehre und den Stern zu lernen und zu lehren. Er hat ihr den Titel „Lama" verliehen und sie ist glücklich darüber.

Wenn Elena die Augen schloss, konnte sie das EfA/GN von ihm erkennen. Sie sah deutlich, in welche Richtungen die Energie floss: von rechts nach links, von oben nach unten, diagonal und spiralförmig.

Und sie konnte das hlg. Gitternetz erkennen, das rautenförmig ist, weiß, magisch, transparent und transzendent. Das Gitternetz ist heilig – es ist seine Seele.

Das EfA/GN ist magisch, heilig und es hat eine weiße Struktur, die rautenförmig angeordnet ist. Je transparenter das weiße hlg. Gitternetz ist und wenn Elena es kaum wahrnehmen kann, desto näher ist sie am Bereich der Leere. Wenn das hlg. Gitternetz schwarz überzogen ist, weiß Elena, dass Mahakalla am Werke ist und dass sie attackiert wird.

Das ist der Moment für Elena Ros, ohne Verzug einzugreifen und gegen Mahakalla zu kämpfen. Sie muss die Mehrdimensionalität des Klaren Geistes von und der Atman-Seele in ihr einsetzen und EfA/GN mit den Mitteln der Visualisation aufbauen.

Ihre Tochter Tara hatte ihr gesamtes Leben im Rochalla-Palast verbracht. Sie liebte den Garten, das Rote Meer und die orientalischen Lieder, die Mostafa El Badry auf der Oud spielte. Er hatte eine gute Stimme und er konnte die Sphärenmusik singen. Wann immer sie wollte, konnte Tara Nofru im Orientel-Cafè sein, im Palmgarten spielen oder sich im Rochalla-Palast aufhalten.

Sie hatte von ihrer Mutter eRos gelernt, wie man den Altar schmückt mit Kerzen, Blumen und Weihrauch. Nach der Praxis, die am frühen Morgen zu Ende war, ging sie gemeinsam mit ihrer Mutter zum Schwimmen ins Rote Meer. Tara begleitete ihre Mutter auch, wenn sie um 18:00 Uhr die Belehrungen hielt, die im im Rochalla-Palast stattfanden. Sie war 15 Jahre alt und begann sich so langsam für die Lord Shiva Rochalla Lehre und den Stern zu interessieren.

Buddha Dorje Sempa Rochalla liebte Tara, weil sie wunderschön war und wie Isie ihn mit ihrem Tanz ablenkte. Er saß meistens am späten Nachmittag im Orientel-Cafè, rauchte eine Schischa und lauschte der Sphärenmusik von Mostafa El Badry. Tara hatte die Begabung zum Tanzen von ihrer Mutter gelernt. Niemand konnte sich der Anmut von Tara entziehen. Alles, was sie während der Anwesenheit von eRos und Daniel machte, tat sie nun auch während der Reisezeit.

Tara, eRos und Daniel hatten Buddha Dorje Sempa Rochalla als erste auf dem Roten Meer gesehen. Er schwebte über der Wasseroberfläche und alle drei waren überwältigt von seiner Schönheit.

Buddha Dorje Sempa Rochalla entschloss sich, langfristig im Royal-Palast zu leben und immer wieder kleine Reisen zu unternehmen, um sich mit den Gelehrten über den Lord Shiva Rochalla Stern auszutauschen.
Buddha Dorje Sempa Rochalla und Buddha Manjushri Rochalla kamen in Begleitung von eRos und

Daniel in den Abendstunden in Kairo an. Mehrere Gelehrte waren daran interessiert, Buddha Dorje Sempa Rochalla und den Lord Shiva Rochalla Stern kennenzulernen Sie hatten prunkvolle Gemächer vorbereitet und in jedem Zimmer standen spezielle Bäder bereit. Nach kurzer Zeit waren die Anstrengungen der Reise vergessen und sie waren für die ersten Gespräche mit Lord Shiva Rochalla bereit.

Die Gelehrten hatten bereits die Lehre von Lord Shiva Rochalla durch Buddha Manjushri Rochalla kennengelernt. Sie kannten aber den Zusammenhang mit dem Buddha-Mandala noch nicht. Es beginnt im Osten mit Buddha Manjushri, im Norden ging es mit Buddha Dorje Sempa Rochalla weiter. Im Westen ist Buddha Amithaba und im Süden Buddha Avalochitesvara Rochalla 1000.armig. In der Mitte sind Lord Shiva Rochalla und die Schwarze Diamanttara. Sie ist die einzige weibliche Energie im Buddha-Mandala.

Buddha Dorje Sempa Rochalla erläuterte jede einzelne Sphäre (Klarer Geist von Buddha Dorje Sempa Rochalla, Allmacht und Gotteskraft) und jede einzelne Ebene des Buddha Dorje Sempa Rochalla Sterns (KA BA ACH). Besonderes Augenmerk legte er auf die Mitte, auf Buddha Dorje Sempa Rochalla und Schwarze Diamanttara. Dann begann Buddha Manjushri Rochalla das Buddha-Mandala in Bezug zum Buddha Dorje Sempa Rochalla Stern zu erläutern.

Die Gelehrten waren von den Ausführungen sehr angetan. Und sie hatten gehört, dass eRos ein Gespräch mit Lord Shiva Rochalla vermitteln kann. Sie hatten bereits Fragen an Lord Buddha Dorje Sempa Rochalla vorbereitet und waren überrascht, wie konkret eRos die Anworten von Buddha Dorje Sempa Rochalla weitergeben konnte. Daniel war die ganze Zeit in der Vierergruppe und unterstützte eRos.

Die nächste Reise führte die Gruppe nach Alexandria. Dort stellten die Eltern und Königspaar von Daniel eine ganze Etage im Palast Alexadrias zur Verfügung. Göttin Isis und Gott Amenemhed IV. hatten bereits längere Zeit in Hurghada verbracht und sie kannten die Fähigkeiten von eRos sehr gut. Daniel liebte seine Eltern und er begrüßte es, dass sie sich wiedersahen.

Daniel und eRos waren seit 16 Jahren verheiratet und es gab keinen Schritt, den der eine ohne den anderen machte. Als eRos auf ihrer Hochzeitsreise von Mahakalla verletzt wurde, pflegte Daniel sie sehr fürsorglich. Er brachte ihr Geschenke und überschüttete sie mit Liebe. Das gleiche tat eRos für ihn, als Mahakalla ihn attackierte und die Erkrankung ihn quälte. Die Tochter des Königspaares und Schwester von Daniel war mit Guru Nanak verheiratet, der als Wanderprediger aus Indien kam. Ptah Nofru trennte sich von ihm, weil er keine Kinder zeugen konnte. Sie heiratete den Musiker Mostafa El Badry und wurde bald darauf schwanger. Der Sohn bekam den Namen Achmet und war ihr Augenstern, der ebenfalls Musiker werden würde, wie sein Vater.

Sayd und Diana reisten nach der Geburt ihrer Tochter Aida nach Nubien. Sie verbrachten 3 Monate bei ihren Eltern im Assuan-Palast. Der König sprach mit seinem Sohn darüber, ob es möglich sei, mit eRos und Buddha Dorje Sempa Rochalla zu sprechen. Sayd willigte ein und begleitete seine Eltern nach Hurghada. Der König war außer sich vor Freude, dass er seine Probleme mit Mahakalla und mit seiner Armee besprechen konnte mit Buddha Dorje Sempa Rochalla.

Daniel trug seine Frau jede Nacht auf Händen und sie zelebrierten ein Ritual voller erotischer Phantasie. eRos liebte ihren Mann und sie konnte sich gar nicht vorstellen, nicht mehr mit ihm zusammensein zu können. Buddha Manjushri hatte kurz vor der Abreise eine Frau kennengelernt, die auf ihn wartete, bis er nach Hurghada zurückkommen würde.

Buddha Dorje Sempa Rochalla repräsentierte im Stern die Allmacht von Buddha Dorje Sempa Rochalla und das KA. Er war ein attraktiver Mann und er würde sehr bald eine Frau finden, die zu ihm passen würde. Davon waren alle in der Gruppe überzeugt.

Die Gelehrten in Alexandria waren von den Gästen überzeugt, mit denen sie ihr Wissen und ihre Weisheit ausgetauscht hatten. Sie versprachen, so bald wie möglich wieder nach Hurghada zurückzukehren, damit sie ihre Gespräche fortsetzen konnten.

eRos und Daniel waren froh, wieder die Heimreise antreten zu können und ihre Tochter Tara in die Arme nehmen zu können. Sie liebten ihre Tochter und den Royal-Palast, den Garten, der ans Rote Meer grenzte und das Orientel-Cafè mit der orientalischen Musik. Nirgendwo sonst hatten sie die Sphärenmusik vernommen. Buddha Dorje Sempa Rochalla liebte sie ebenfalls.

Die Hurghada-Gruppe hatte sich ein kleines Paradies am Roten Meer aufgebaut und alle hatten das gleiche Ziel: Erleuchtung durch Buddha Dorje Sempa Rochalla. Für die meisten ging der Wunsch auch in relativ kurzer Zeit in Erfüllung. Sie sprachen sehr oft über ihre Erfahrungen, die sie vor, während und nach der Erleuchtung gemacht hatten. Es war für jeden anders, außer die Tatsache, dass alle während der Erleuchtung sehr glücklich waren.

Rotes Meer und Elena

Elena, die am 17.12.2000 das erste Mal in Hurghada war und ihren Urlaub in Ägypten verbringen wollte, hatte im Orientel Cafè ihre erste Erleuchtung, ohne dass sie es gemerkt hätte.

Im Jahr 2018 erhielt sie im ersten Halbjahr in Deutschland mehrere Erleuchtungen, sowohl in den Buddha Dorje Sempa Rochalla Stern als auch in das Buddha-Mandala. Buddha Dorje Sempa Rochalla hatte ihr diese als Belohnung für ihre intensive Arbeit an der Buddha Dorje Sempa Rochalla Lehre überreicht. Während ihrer Erleuchtung flog ihr Klarer Geist aus ihrem Schei al telchakra. Sie hatte das Gefühl, dass ihre Seele aus dem Körper flog. Sie war jedes Mal voller Verzückung.

Zeitgleich mit den ersten Takten des 100-Silben-Mantras von Buddha Dorje Sempa Rochalla Grüne Tara fiel Elelna in Trance. Sie visualisierte die 100 Silben als würde sie mit einem feinen Haar die Silben spiralförmig malen, von der Mitte aus nach außen. In der Mitte steht das Hung, die Keimsilbe des Buddha-Mandalas. Das Hung und die 100 Silben lösen sich auf und verschmelzen mit Elena. Sie verweilt in diesem Zustand der tiefen Meditation und der Glückseligkeit und kehrte dann wieder zurück.

Mit dieser Meditation, an die sich Elena wieder erinnerte, wachte sie frühmorgens um 4:00 Uhr auf. Das Hung und die 100 Silben entfalten sich erneut und sie fühlte erneute den Segen von Buddha Dorje Sempa Rochalla in sich. Sie fühlte sich so reich beschenkt, wie lange nicht mehr. You tube / Lord Shiva hatte es ermöglicht, eine sehr kraftvolle Energie in ihr lebendig werden zu lassen.

Beim nächsten Mal spürte sie die Energie, wie sie sich spiralförmig entfaltete. Elena visualisierte Buddha Dorje Sempa Rochalla Grüne Tara über ihrem Scheitelchakra und dort verschmolz seine Essenz mit ihr. Es war so, als ob sie in Trance wäre, in einem wunderschönen Traum. Sie saß mit Buddha Dorje Sempa Rochalla Grüne Tara im Orientel Cafè und sie lauschten den Klängen einer Musik, die aus weiter Ferne kam. Beide rauchten eine Shischa, sie saßen in ihren bequemen Stühlen und tranken den obligatorischen Kardamon-Kaffee. Sie schwiegen in den Raum hinein, der alles enthielt in diesem Augenblick, was sie sich vorstellen konnten.

Eine innere Stimme bereitete sich aus und sie sah Buddha Dorje Sempa Rochalla in einem leuchtenden Gewand voller Licht und Farbe.

eRos hatte ihn schon einmal so erlebt, als sie mit Tara und Daniel auf dem Meer war. Sie sah die Energie- und Lichtgestalt seitdem nicht mehr wieder. Er weilte nun unter ihnen. Nur die beiden wussten, was für ein großes Opfer er gebracht hatte.

Elena Ros kam wie aus einem wunderschönen Traum zurück, ein Traum voller Licht und Bewegung. Das Membran und das Flies ließen sein Gewand erleuchten. Daraus entstand die Licht- und Energiegestalt.

Ihre innere Stimme erzählte Elena von längst vergangenen Zeit, vom kleinen Paradies am Roten Meer und davon, wie Buddha Dorje Sempa Rochalla Grüne Tara in der Hurghada-Gruppe verweilten und ihnen erneut als Licht- und Energiegestalt über dem Roten Meer erschien.

Elena Ros sah ihn vor sich in seiner Allmacht und Gotteskraft, er, der Herrscher über den Buddha Dorje Sempa Rochalla Klaren Geist und seiner Atman-Seele. Es gab keine Verbindung im Buddha Dorje Sempa Rochalla Stern, die so kraftvoll war, wie seine.

Elena Ros verweilte in der Meditation und ließ das kleine Paradies am Roten Meer vor ihrem inneren

Auge entstehen. Sie konnte das Energiefeld/Gitternetz wahrnehmen und spürte die Ruhe, die es ausstrahlte.

Die vergangenen Zeiten wurden wieder lebendig und sie spürte den Lufthauch, der durch den Rochalla-Palast wehte.

Buddha Dorje Sempa Rochalla Grüne Tara hatte mit eRos eine Vereinbarung getroffen. Er würde nur dann in der Hurghada-Gruppe bleiben, wenn sie ihm die Gespräche Lord Shiva Rochalla ermöglicht.

Die Verwandlung in eine Menschengestalt bedeutete für ihn, dass der direkte Kontakt zu Lord Shiva Rochalla verlorengegangen war.

eRos war nun nach der langen Reise wieder in der Gegenwart angelangt, in der es das kleine Paradies nur in der Phantasie gab. Sie nahm Teil an den Übungen und Meditationen der Hurghada-Gruppe und ließ sich von den Belehrungen inspirieren, die

Buddha Manjushri Rochalla und Buddha Dorje Sempa Rochalla Grüne Tara gaben. Es war für alle überraschend, als Daniel von seinen Studien über das Kalachakra-Mandala sprach. Es ist das höchste Mandala im tibetischen Buddhismus.

Obwohl Elena über Inspiration, Vorstellungskraft und Kreativität verfügte und immer von Menschen umgeben war, blieb ein Gefühl von Einsamkeit. Kein Mensch war in der Lage, zu verstehen, was es bedeutete.

Elena blieb das Schreiben von Romanen, in denen sie ihre innere Stimme Ausdruck verlieh. Es war wie eine Art Brücken bauen in eine andere Welt, die den Menschen draußen verbaut ist. Die Lesungen waren so eine Art Brücke bauen. Die anderen Brücken waren ihre Bilder, in denen sie ihre Geschichten erzählte, wie z.B. das Bild „Wunder der Kommunikation". Unter dem Titel „Orientalische Imaginationen" wurden sie im Hessischen Rundfunk Frankfurt ausgestellt.

Ihre innere Stimme war und blieb eRos. Sie war ein Teil ihrer selbst. eRos lebte ein Leben, das sich E-lena Ros wünschte. eRos – 1858 v.Chr, - war klug, intelligent, hatte Phantasie und konnte sich in die Meditationen hineinversetzen, hatte eine schöne Figur, ein ausdrucksstarkes Gesicht und war ver-heiratet mit einem Mann wie Daniel. Ihre Tochter Tara liebten alle sehr.

Elena Ros – 2018 -arbeitete selbstvergessen von einem Buch zum anderen. Sie entfaltete Details aus einer Lehre, die es in dieser Form noch nicht gab. Die Buddha Dorje Sempa Rochalla Lehre ent-hält das Buddha-Mandala und den Buddha Dorje Sempa Rochalla Stern. Alles, was die Lehre betraf, ist mit Buddha Dorje Sempa Rochalla abgespro-chen und enthält seine Wahrheit und Wissen sowie die Weisheit seines Klaren Geistes.

Es gab bestimmte Geheimnisse, die er nicht preis-gab, es sei denn, er würde es für wichtig und richtig erachten.

Lord Shiva Rochalla

Eine der Formen von Lord Shiva ist eine Verschmelzung mit Parvati, wo sie zusammen Ardhanari sind, ein Gott, halb Shiva und halb Parvati ist. Ardhanaji. Ganesha der fast an jedem Straßenschrein verehrt wird. Er ist der Sohn von Shiva und Parvati, mit denen er zusammen das Idealbild einer Hindu-Familie ist.

Lord Shiva Rochalla wird im Hinduismus, besonders in Indien verehrt.

Auf einer Darstellung sitzt er alleine auf einer Unterlage, die den Umfang seines Körpers hat. Es könnte auch ein Tigerfell sein. Wie immer trägt er einen Dreizack, meistens in der rechten Hand. Wie jedes Symbol hat auch der Dreizack eine tiefere Bedeutung: Göttin Lakshmi, Göttin Durga und Göttin Kali sind damit gemeint.

An dem Dreizack ist eine Doppeltrommel ange-
bracht und ein rubin-rotes Band befestigt. Der un-
tere Teil der „Trommel" ist wie ein Dreieck mit der
Spitze nach oben geformt. Der obere Teil der
Trommel ist mit der Spitze nach unten geformt.
Beide Spitzen weisen aufeinander zu. Das untere
Dreieck bedeutet die Seele von Lord Shiva Rocha-
lla und das obere den Klaren Geist von ihm.

Er hat insgesamt 1000 Attribute und Aspekte. Das
sind die 1000 Namen von Lord Shiva Rochalla. Er
hat ebensoviele Aspekte wie Namen. Sein Name
lautet Buddha Avalochitesvara 1000-armig.

In dem Moment, in dem Lord Shiva Rochalla die
Trommel in der Hand bewegt, gibt es eine Verbindung zwischen Seele und Geist. Seele und Geist
müssen zusammenkommen und das ist die Voraussetzung dafür, dass eine Erleuchtung stattfinden kann. Das rote Band zeigt die Verbindung zwischen Lord Shiva Rochalla und demjenigen an, der
erleuchtet wurde. Erleuchtung bedeutet im Sinne

von Lord Shiva Rochalla, dass dieser frei von Mahakalla ist. Der Hintergrund von Lord Shiva Rochalla ist smaragd-grün türkis-blau. Er umfasst das gesamte Universum und bedeutet den Klaren Geist von Lord Shiva Rochalla, die Transzendenz.

Lord Shiva Rochalla hat 1000 Namen, die alle in einem Mantra aufgeführt und gesungen werden. Die 1000 Namen bedeuten die 1000 Aspekte, die Lord Shiva Rochalla ist. Mit den 1000 Namen verehren die Gläubigen Lord Shiva Rochalla und sie rufen die 1000 Aspekte in Erinnerung.

Jedes Mal, wenn Elena von Mahakalla attackiert wurde, sah ihre Wohnung aus wie nach einem Bombeneinschlag. Nichts, was vorher einen bestimmten Platz hatte, war mehr dort zu finden. Viele Sachen lagen auf dem Boden verstreut. Es war ein einziges Chaos und Elena Ros brauchte Tage, um dieses Desaster wieder in Ordnung zu bringen. Sie legte jedes Mal eine Liste an, auf der sie notierte, was nicht mehr im Wohnzimmer war. Mahakalla hatte es vor allem auf ihren Schmuck abgesehen und auf Dinge, die Elena liebte. In dem Moment, wo Mahakalla sie attackierte und vor allem während der Apokalypse, in der Zeit ging es um Leben und Tod, konzentrierte sich   Elena vor allem darauf, sich von Mahakalla zu befreien. Die Wohnung sah jedes Mal aus, wie nach einem Bombeneinschlag. Sie hatte Lord Shiva Rochalla gebeten, ihr zu helfen im Kampf gegen das Böse.

„Lord Shiva Rochalla, kämpfe für mich, siege für mich

Lord Shiva ‚Rochalla (LSR) wird im Hinduismus, besonders in Indien verehrt.

Auf einer Darstellung sitzt er alleine auf einer Unterlage, die den Umfang seines Körpers hat. Es könnte auch ein Tigerfell sein. Wie immer trägt er einen Dreizack, meistens in der rechten Hand. Wie jedes Symbol hat auch der Dreizack eine tiefere Bedeutung: Göttin Lakshmi, Göttin Durga und Göttin Kali sind damit gemeint. An dem Dreizack sind eine Doppeltrommel und ein rubin-rotes Band befestigt. Der untere Teil der „Trommel" ist wie ein Dreieck mit der Spitze nach oben geformt. Der obere Teil der Trommel ist mit der Spitze nach unten geformt. Beide Spitzen weisen aufeinander zu. Das untere Dreieck bedeutet die Seele von Lord Shiva Rochalla und das obere den Klaren Geist von ihm.

Er hat insgesamt 1000 Attribute und Aspekte. Das sind die 1000 Namen von Lord Shiva Rochalla. Er hat ebenso viele Aspekte wie Namen. Sein Name lautet Buddha Avalochitesvara 1000-armig.
In dem Moment, in dem Lord Shiva Rochalla die Trommel in der Hand bewegt, gibt es eine Verbindung zwischen Seele und Geist. Seele und Geist müssen zusammenkommen und das ist die Voraussetung dafür, dass eine Erleuchtung stattfinden kann. Das rote Band zeigt die Verbindung zwischen Lord Shiva Rochalla und demjenigen an, der erleuchtet wurde. Erleuchtung bedeutet im Sinne von Lord Shiva Rochalla, dass dieser frei von Ma-

hakalla ist. Der Hintergrund von Lord Shiva Rochalla ist smaragd-grün türkis-blau. Er umfasst das gesamte Universum und bedeutet den Klaren Geist von Lord Shiva Rochalla, die Transzendenz.

Lord Shiva Rochalla hat 1000 Namen, die alle in einem Mantra aufgeführt und gesungen werden. Die 1000 Namen bedeuten die 1000 Aspekte, die Lord Shiva Rochalla ist. Mit den 1000 Namen verehren die Gläubigen Lord Shiva Rochalla und sie rufen die 1000 Aspekte in Erinnerung.

Die rechte Hand hält er geöffnet. Darin ist das heilige Om zu sehen, das auch auf dem Kopf der Kobra zu erkennen ist, die er um den Hals geschlungen hat.

Die Mitte des Buddha-Mandalas und des Lord Shiva Rachalla Sterns ist spiralförmig. Die Kobra-Schlangenenergie ist ebenfalls spiralförmig angeordnet.

Die Stirn ist gekennzeichnet mit dem Dritten Auge. Der Körperbau ist kräftig, er sitzt im Schneidersitz. Er trägt ein Leopardenfell. Seine Haut ist lila.

Lord Shiva Rochalla ist heilig. Rochalla bedeutet Seele. Seine Augen strahlen wie Sterne. Er trägt Halsketten und große goldene Ohrringe. Ein Zeichen dafür, das die CHI-Energie fließt.

Die schwarze Säule hat im oberen Bereich 3 weiße Striche und in der Mitte einen rubin-roten Punkt. Darunter ist etwas, was die Säule umringt. Vorne ist es offen. Das Mantra von Lord Shiva Rochalla lautet:

„OM NAMAH SHIVAYA"

Es gibt ein schwarzes Teil, das unheimlich aussieht. Es bewegt sich nach rechts unten und dient dazu, Mahakalla abzuwehren und ins Schwarze Loch des Kosmos zu entsorgen.

Am Ober- und Unterarm trägt er Armreifen aus Perlen. Unter seinem Arm ist eine Halterung, mal reechts, mal links.

Er trägt die Haare so, dass es mit einem Knoten endet. Darin ist ein Wesen, das etwas in hohem Bogen heraussprudelt. Lord Shiva Rochalla wird auch tanzend dargestellt – tanzend im Universum.

<u>*Die Lord Shiva Rochalla Lehre kennt alle Aspekte der Gotteskraft, der Allmacht und des Klaren Geistes.*</u>

Raum- und Zeitüberwindung

Spiegelgleichheit

Klarer Geist Lord Shiva

Leere - Sunjata

Innerer Raum

Membran

Flies

Heiliges rautenförmiges Gitternetz

Wort

Weisheit

Wahrheit

Wunder

Magie

Sphärenmusik

Wunder der Kommunikation

Tibetischer Buddhismus

Hinduismus

Shivaismus

Gerechtigkeit

Einweihung

Erlösung

Verwirklichung

Erleuchtung

Klarheit

Atman-Seele

Meditation

Schutz

Sterbeprozess

Energiefeldaufbau

Energieformen

Emanationen

Wiedergeburt

Reinkarnation

CHI

Lord Shiva Rochalla

Er hat ein großes Herz und eine reine Seele

Er tanzt gerne auf dem Vulkan

Er lehrt mich ohne zu belehren

Er hat einen klaren Geist und Verstand

Er initiiert in seine Geheimnisse, die er Schritt für
Schritt offenbart

Er hat eine schöne Stimme

E sendet dir das hlg. CHI, die Energie der Weißen
Tara

Er zeigt dir EfA/GN – die Gemeinsamkeiten und die
Unterschiede

Er, der Leopard, hat grüne Augen

Er kann sich lange Zeit sehr ruhig verhalten

Er kann sich aber auch blitzschnell von einem zum
anderen Ort bewegen um die Beute zu erjagen

Er liegt auf der Lauer, lange Zeit

Er nennt Aspekte sein eigen, von denen andere nur
träumen können

Er setzt zum Sprung an und überwindet Zeit- und
Raum

Er sieht dich mit seinen großen braunen Augen an
und lächelt dir zu

Er ist das gesamte Buddha-Mandala

Er ist der Herr aller Meere und Flüsse

Er ist der Tanz und die feine Bewegung

Er ist der Sturm und der Wind, die Woge und die
Welle

Er ist der Klare Geist Lord Shiva Rochalla, die All-
macht und die Gotteskraft

Er hat die Kraft eines Löwen

Wenn er brüllt, erzittert alles um ihn herum

Er ist der König der Tiere

Er reitet auf dem Tiger ohne Unterlass

Er ist das Schwert Buddha Manjushri

Er ist die Weisheit und das Buch

Er ist das Orakel, das Wissen, die Wissenschaft
und das Wort

Er ist das EfA und die Energiefeldaufstellung

Er ist das hlg., weiße, rautenförmige Gitternetz, die
Transzendenz im Kosmos

Er gibt den Ton an

Er hat alles in der Hand und alles, was ist und geschah ist Gottgewollt, ist der Wille Lord Shivas Rochallas

Er ist Buddha, er ist der Lord Shiva-Stern

Er ist der Schwarze Mantel und die Leere (Sunjata)

Er ist Ma Kali, Durga und Lakshmi

Er ist die Transzendenz und die Potenzialität aller
Dinge

Er ist voll der Gnaden

Er ist die Dreifaltigkeit Brahma, Vishnu und
Krishna

Er ist die Zukunft, Vergangenheit und Gegenwart

Er ist der Sand und die Uhr

Er ist die Zeit und der Raum

Er überwindet beides

Er ist der Augenblick der Ruhe und der Moment der
Bewegung

Er ist Kampf und Sieg

Er ist so soll es sein

Er ist die Gerechtigkeit, das Leben und das Leben
nach dem Tod

Er ist der Anfang und das Ende

Er ist KA, BA, ACH

Er ist das Dewachen und das Paradies

Er ist der Geist, die Allmacht und die Kraft

Er ist die Schlange und der Stab

Er ist der Dreizack und die Trommel

Er ist ein Wassertropfen Eis auf die Trommel

Er ist Gesang und liebenswert

Er ist Kali, die Schwarze Diamanttara

Er ist Kali und Schwarze Diamanttara, das Kämpfen und Siegen ist sein Metier

Er und sie sind Kali und Schwarze Diamanttara zusammen

Er ist Diamant Tara Kali

Er ist der Gebende Lakshmi und der Nehmende

Er ist die Karmastufe, Reinkarnation und Erleuchtung

Er ist das Karma und die Wiedergeburt und die Erleuchtung

Er hat sich verwirklicht, Licht ist seine Methapher

Er ist Buddha Manjushri, Dorje Sempa Grüne Tara,
Amithaba und Avalochitesvara 1000-armig

Er ist der Raum, das Weltall, der Kosmos und das
Universum, die Galaxie, die Planeten, Sonne, Mond
und Sterne

Er befiehlt und so sei es

Er ist die LEERE Sunjushri

Er ist das Lob, die Freundschaft, die Anerkennung
und die Achtsamkeit

Er liebt dich bis in alle Ewigkeit

Er ist der Magier und der Clown

Er hat alles in seiner Hand

Er ist das Lachen und das Weinen

Er ist die Träne und die Freude

Er ist das Glück und die Trauer

Er ist die Geburt und Wiedergeburt

Er ist das Sagen und das Schweigen

Er ist die Stille und die Stimme

Er ist die Moral und die Tugend

Er ist die Jugend und das Alter

Er ist die Gesundheit und die Vitalität

Er ist die Enttäuschung, die Täuschung

und der Täuscher ist der Elefant

Er ist Lakshmi Durga und Kali

Er ist Lakhsmi und Kali Ma

Er ist die Lord Shiva-Lehre, Buddha Avalochitesvara 1000-armig

Er ist Chaos und Ordnung

Er ist ISIS und Göttin Maat.

Er ist Gott Maat und Lord Shiva Rochalla

Lord Shiva Rochalla ist Licht und Bewegung, Farben, Energie und Tanz.

Daran erkennst Du Ihn.

An seinem Licht- und Energiegewand, an seinem
Energiefeld und hlg. Gitternetz.